电子商务创业实训系列教材

2020年广东省第一批高水平专业群
"电子商务专业群"（GSPZYQ2020133）成果
2016年广东省教育厅教学改革项目（GDJG2015202）成果

短视频运营实务

主　编 ◎ 马文娟　杜作阳
副主编 ◎ 沈瑛莹　孟海涅
参　编 ◎ 黄旭强　梅　琪　李小敏
　　　　　韩林林　贾馥榕　马文艺　李　鹏
主　审 ◎ 陈道志

清华大学出版社
北　京

内 容 简 介

《短视频运营实务》包含 7 个项目，每个项目包含 2～3 个任务，涵盖了短视频运营的方方面面。前 4 个项目是"短视频平台认识与选择""短视频用户洞察""短视频内容规划"和"短视频制作"，主要介绍了短视频创作方面的知识；后 3 个项目是"短视频运营数据分析""短视频引流与变现"和"短视频账号培育实践"，主要介绍了运营的策略和方法。

为便于教学，每个任务均配有思维导图、情景案例、操作步骤、相关知识、经验总结以及配套练习，帮助学习者更加快速、有效地进行技能训练，增加实战经验，从而提升短视频创作及运营的能力。

图书在版编目 (CIP) 数据

短视频运营实务 / 马文娟，杜作阳主编 . —北京：清华大学出版社，2020.10（2025.1 重印）
电子商务创业实训系列教材
ISBN 978-7-302-56254-2

Ⅰ . ①短… Ⅱ . ①马… ②杜… Ⅲ . ①网络营销－教材 Ⅳ . ① F713.365.2

中国版本图书馆 CIP 数据核字 (2020) 第 152963 号

责任编辑：徐永杰
封面设计：李伯骥
版式设计：方加青
责任校对：王荣静
责任印制：杨 艳

出版发行：清华大学出版社
    网   址：https://www.tup.com.cn, https://www.wqxuetang.com
    地   址：北京清华大学学研大厦 A 座   邮   编：100084
    社 总 机：010-83470000   邮   购：010-62786544
    投稿与读者服务：010-62776969，c-service@tup.tsinghua.edu.cn
    质 量 反 馈：010-62772015，zhiliang@tup.tsinghua.edu.cn
印 装 者：三河市龙大印装有限公司
经   销：全国新华书店
开   本：185mm×260mm   印   张：14.75   字   数：287 千字
版   次：2020 年 10 月第 1 版   印   次：2025 年 1 月第 6 次印刷
定   价：46.00 元

产品编号：088034-01

电子商务创业实训系列教材
编审委员会
（以姓名汉语拼音排序）

主　任

副　主　任

委　员

前　言

　　短视频运营是随着互联网的发展而出现的新兴职业，是目前各个中小企业急需补充的岗位，其主要职责是策划优质、高度传播性的视频内容，并将其发布到抖音、快手、微视、B 站等短视频平台，从而达到账号打造、产品宣传推广、企业品牌营销等目的。

　　在这个时代，短视频运营已经不是少数人的专属，而是大众必备的一项技能。特别是对于大学生来说，掌握一些短视频的创作方法和运营技巧，既能生动地表达和传播自己的思想和观点，又能为以后的就业带来更多的可能性。

　　短视频运营的内容主要分为两部分：创作部分和运营部分。创作部分包含定位用户、定位内容方向、策划选题、拍摄制作等内容；运营部分包含流量运营、变现运营、数据运营、账号人设和账号矩阵的运营等内容。两部分内容相辅相成、互相成就，因为只有将创作和运营结合起来，融会贯通，才能打造出优质的短视频账号。

　　本书的内容为七大项目，包含了从短视频的平台选择和内容定位，到具体的拍摄实践和后期制作，再到数据化运营和团队打造，以及流量变现和矩阵 IP 布局等详细的知识点和任务实践，帮助大家有计划、有目标地掌握短视频运营的相关知识，提升相关技能。

　　本书的编写基于教育的适应性理念，参阅了最新的行业报告及国内外学者的文献资料，汲取了大量的专业书籍和文献中的思路和方法，同时也参考了茉莉传媒、脚印传媒等企业的行业经验，在此对这些专家、学者、作者和企业表达深深的谢意。本书在编写的过程中，得到了广州南洋理工职业学院、广州松田职业学院茉莉学院、洛阳科技职业学院的领导和老师们的大力支持，在此一并表示感谢！

　　本书主要面向应用型本科和高职高专院校的学生，以及需要通过实践训练提升短视频运营能力的从业者，也可作为电商创业者的参考用书。

　　由于作者的水平有限，加之成书时间较紧，虽然尽了最大的努力，但书中难免有不足之处，恳请各位专家和广大读者批评指正。

编者

目 录

1 项目1 短视频平台认识与选择

进入移动互联网时代，顺应 4G 普及，迎接 5G 时代，消费者对互联网的内容消费和网络社交需求不断增加，传统的文字和图片形式已经不能满足当下的用户需求，短视频已经成为传播形式的主流。CBNData 年度观察显示，截至 2019 年初，短视频用户数量达到 6.48 亿，用户使用率接近 78.2%。随着用户的增多，短视频平台也呈现出"百花齐放"的态势，不同的平台聚集着不同属性的用户，对于短视频的创作者和运营机构，应当对主流的短视频平台有一定的认识，并能根据自己的定位和目标用户选择合适的平台，这样才能有的放矢、事半功倍。

本项目主要包括认识主流短视频平台、选择并部署短视频平台。其中，任务一涵盖了

对国内主流的自媒体短视频平台和电商短视频平台的学习，其目的为熟悉短视频平台注册、主页页面和其他页面的功能。涉及的主流短视频平台为抖音、快手、哔哩哔哩、微视和美拍。电商短视频平台主要介绍哇哦视频。任务二是选择并部署短视频平台，分为平台调性对比和部署以及主流平台 V 认证的步骤和意义。

项目思维导图

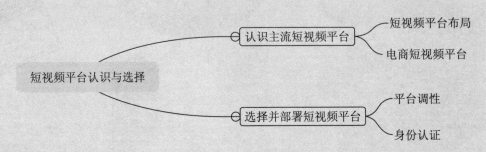

引例

　　和周围的朋友一样，小王的手机上也安装了抖音、微视、哔哩哔哩等多个短视频 APP，闲暇之余常常翻看各种各样的短视频。渐渐地，小王萌生了制作短视频的想法，经过认真的思考，他决定利用自己会唱歌的特长和粤语优势，尝试拍摄一些自己翻唱的粤语歌精彩片段。但是这么多平台，哪个平台更适合他呢？小王通过查资料、询问正在从事短视频运营的朋友等方式，逐渐了解了不同平台的人群特点和内容导向，从而选择了更加适合自己的抖音平台。

建议学时

　　4 学时。

任务 1-1 认识主流短视频平台 ▶

小王先是通过查阅网上的资料，了解到了不同平台的定位，如抖音的定位是"记录美好生活"，说明它欢迎美好的并且生活化的内容，而快手的定位是"在快手，看见每一种生活"，说明它希望有更多不同的人群来分享生活。之后小王又借助一些数据工具和行业报告，了解到抖音的目标人群更多的是比较年轻的城市白领阶层，而小红书的人群主要是追求美的女性群体。这些信息，都让小王在选择短视频平台方面有了更多的参考。

知识目标：

1. 了解短视频平台。

2. 了解短视频平台加 V 的作用。

技能目标：

1. 能够掌握短视频平台的特点。

2. 能够掌握短视频平台的作用。

思政目标：

1. 能够细致、耐心地掌握主流短视频平台的特点，并做好随时更新的准备。

2. 能客观分析各个短视频平台加 V 的意义，做到不盲目加 V。

2 学时。

步骤1 打开并登录抖音 APP，如图 1-1 所示。

(a)　　　　　　　　(b)

图　1-1

步骤2 点击"推荐"链接，选择观看自己喜欢的视频，如图 1-2 所示。

图　1-2

步骤3 尝试总结抖音上"热门"短视频的特点。

一、短视频平台布局

尽管目前的短视频平台有很多个，但一些主流的平台都有归属阵营，见表 1-1。

表　1-1

平台布局		
所属系列	名　　称	简　　介
今日头条系	抖音、火山小视频、西瓜视频	抖音、火山小视频和西瓜视频是三个独立的 APP
快手系	快手、A 站	2018 年 6 月 5 日，快手全资收购 Acfun（A 站）
腾讯系	微视、微信视频号	QQ 和微信兼顾短视频 UGC 分享功能，另有微信视频号功能
美图系	美拍	美图系列产品有美图秀、美拍、美颜相机、潮自拍等等，均是围绕相机和美颜、修图等需求展开的
哔哩哔哩系	哔哩哔哩、轻视频	哔哩哔哩是国内知名的视频弹幕网站，主打年轻人社区；2018 年，推出短视频 APP "轻视频"

1. 今日头条系

（1）抖音。抖音平台用户大部分是年轻用户。艾瑞数据显示，在 2018 年 7 月移动 APP 指数排行中，抖音达到短视频总榜的第一。男女比例基本平衡，24 岁及以下的用户占 27.18%，25 ～ 30 岁的用户占 29.36%，31 ～ 35 岁的用户占 24.60%。在抖音里，内容是最重要的，同一账号的内容最好有一个统一、鲜明的风格，如图 1-3 所示。

（a）　　　　　　　　　　（b）

图　1-3

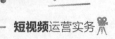
（2）火山小视频。火山小视频是一款 15 秒的原创生活小视频社区，通过压缩内容帮助用户快速获取信息，其中大部分视频都和抖音有重叠。2020 年 1 月，火山小视频更名为抖音火山版，并启用全新图标，如图 1-4 所示。

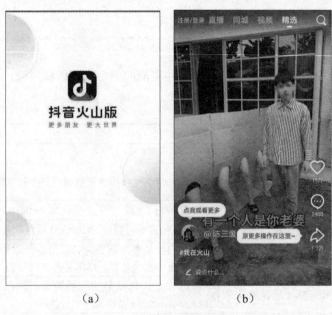

　　　　（a）　　　　　　　　　　　（b）

图　1-4

（3）西瓜视频。西瓜视频，属今日头条出品，主打个性化短视频推荐。西瓜用户的年龄段偏高，很大一部分集中在 30～55 岁。性别比例较平衡，集中于二、三线城市。如图 1-5 所示。

　　　　（a）　　　　　　　　　　　（b）

图　1-5

2. 腾讯系

（1）微视。微视是腾讯旗下短视频创作平台与分享社区，其结合了微信、QQ 等社交平台，用户可以将微视上的长视频分享给好友和上传社交平台。如图 1-6 所示。

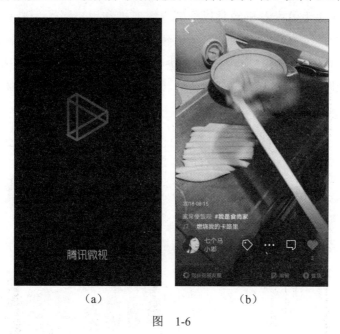

　　（a）　　　　　　　　　（b）

图　1-6

（2）视频号。视频号是腾讯从 2020 年 4 月开始陆续开放的功能，入口在"微信 - 发现"，它不仅具备天然的流量优势，而且打破了微信"流量封闭"的局势。其排名评判的标准包含账号的点赞量、评论量以及发布量。如图 1-7 所示。

　　（a）　　　　　　　　　（b）

图　1-7

3. 快手

快手 APP 从纯粹的工具应用转型为短视频社区，经历了巨大的转变，是用户用于记录和分享生活的平台。随着智能手机的广泛使用和 4G 流量成本的下降，快手在 2015 年以后迎来大发展。快手的推荐机制是以了解内容属性和用户属性为核心的，通过研究用户和内容在历史上的交互数据和模型，从而预估它们之间的匹配程度。简单来说，就是推荐有相似爱好和兴趣的用户给目标群体。快手的算法机制就像它的广告语"记录生活，记录你"一样，其核心是"人"，是帮用户找到有相同兴趣的用户群体，具有鲜明的地域属性和"老铁文化"。如图 1-8 所示。

（a）

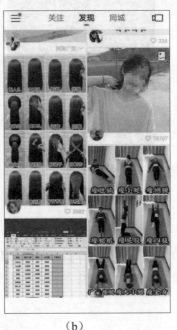

（b）

图 1-8

4. 美拍

美拍是一款可以直播、制作短视频的 APP，早于抖音和快手，受很多年轻人的喜爱。美拍的内容有"高颜值手机直播＋超火爆"原创视频。美拍的用户主要是女性，31 ～ 35 岁的用户占 31.95%，它是美图秀秀出品的短视频社区，主打卖点"让视频更好看"，强调美颜功能，用户定位和内容调性都是偏女性化的。如图 1-9 所示。

5. 哔哩哔哩（bilibili）

哔哩哔哩（bilibili），俗称 B 站，是拥有互联网上精良、及时的动画视频内容的网站，也是国内关注 ACG（Animation，Comic，Game）直播的主流互动平台之一。B 站上的视频主要来源于 UP 主的原创或搬运，以"鬼畜"视频最为著名。相较于其他平台，B 站的弹幕更有梗、更被年轻人所喜爱。如图 1-10 所示。

（a）　　　　　　　　　　（b）

图　1-9

（a）　　　　　　　　　　（b）

图　1-10

二、电商短视频平台

淘宝哇哦视频是为淘宝卖家提供流量的引流平台，标语为"记录淘宝的每一次惊喜"。它能帮助优质的原创电商短视频内容脱颖而出，不仅为用户提供优质的商品推荐，同时也帮助商家更顺利地实现"种草"和流量转化。但是随着直播生态的崛起，淘宝在 2020 年初把哇哦视频从首页中移除了，为直播开通了更多的入口，这意味着淘宝的流量重心已经从短视频转移到了直播。如图 1-11 所示。

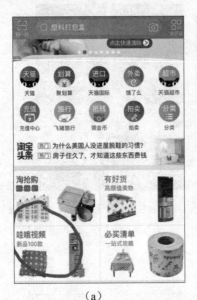
（a）

（b）

图　1-11

经验分享

1. 在对比抖音和快手两大视频平台时，大家可以从界面布局入手，这样会对平台的导向有更加直观的解读。例如，在快手的首页界面中，"关注""推荐"和"同城"这三个功能都在非常显眼的位置，而抖音的"同城"功能位置不太显眼，所以快手的同城导向更加明显。

2. 虽然我们知道抖音主要面向一、二线城市，快手是从三、四线用户逐渐发展壮大的，但随着平台的发展，二者势必会开始入侵对方的市场。我们深入研究一下抖音和快手的功能迭代过程就知道，抖音的"同城"功能是后来加入的，而快手也推出了打开就开始播放的"大屏模式"。

同步训练

知识训练 ≫

1. 下列哪一个短视频 APP 的用户群体集中在三、四线城市？（　　　）[单选]

A. 抖音　　　　　　　B. B 站　　　　　　　C. 快手　　　　　　　D. 微视

2. 关键意见领袖，是在某个领域发表观点并且有一定影响力的人，用英文表达是（　　　）。[单选]

A. KOL（Key Opinion Leader）　　　　B. PGC（Professional Generated Content）

C. UGC（User Generated Content）　　　D. ACG（Animation，Comic，Game）

3. 下列哪一个平台可以在朋友圈发 30 秒的视频？（　　　）[多选]

A. 快手　　　　　　B. 微视　　　　　　C. 哇哦视频　　　　　D. 火山小视频

4. "记录美好生活"是哪家短视频 APP 的宣传标语？

5. 快手平台的特点是什么？

6. 认识主流短视频平台的作用是什么？

技能训练 ≫

"认识主流短视频平台"技能训练表，见表 1-2。

表　1-2

学生姓名		学　　号		所属班级	
课程名称			实训地点		
实训项目名称			实训时间		
实训目的：掌握短视频平台的注册。					
实训要求： 1. 下载抖音并注册账号。 2. 熟悉抖音的主要界面及其功能。 3. 分别列出两个你所喜欢的，处于不同领域的账号并陈述理由。 提示：抖音账号的选取要注意质量，尽量选择粉丝多、特色鲜明的账号。					
实训过程截图：					
实训体会与总结：					
成绩评定（百分制）			指导老师签名		

扫一扫下列二维码，下载实训表格。

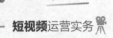

任务 1-2　选择并部署短视频平台

情景导入

　　在综合考虑不同平台的特点和自身视频的风格后，小王决定先在抖音平台发布视频。没想到才发布了 3 条视频，他的账号就增加了几千个粉丝，而且公司的同事也刷到了他的视频，一传十、十传百，小王成了同事们口中的"抖音达人"。有一天，公司的李经理找到他，向他说明了公司准备通过短视频的形式进行品牌宣传，首选阵地是抖音上的企业蓝 V 号，希望由他来负责具体的运营。小王深感责任重大，马上开始搜集蓝 V 号的相关资料，并着手准备蓝 V 号的内容规划。

任务目标

知识目标：

1. 了解不同短视频平台的调性。

2. 了解蓝 V、黄 V 的区别。

3. 了解短视频平台加 V 的意义。

技能目标：

1. 能根据短视频平台调性判断发布内容。

2. 能按照企业蓝 V 号的认证流程进行认证。

思政目标：

1. 在认识短视频调性时，能秉持客观、公正的态度，不带有私人感情色彩。

2. 在道德规范的指引下，学习知识并且践行社会主义核心价值观。

建议学时

　　2 学时。

操作步骤

步骤1 打开抖音官网（www.douyin.com），点击"立即认证"，如图 1-12 所示。

图 1-12

步骤2 进行登录。在企业认证页面，点击"我要申请"后，即进入账号登录页面，请再次核对账号信息并登录账号，如图 1-13 所示。注意：账号认证后不可修改。

图 1-13

步骤3 登录后进入正式认证界面，点击"开启认证"按钮，如图 1-14 所示。

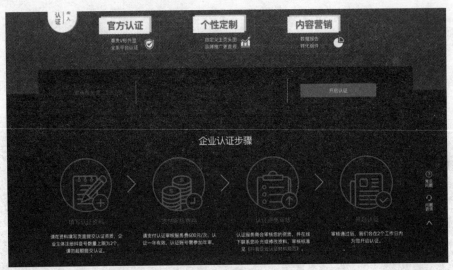

图 1-14

步骤4 填写"用户名称"，其内容为商标名称、公司名称或者产品名称，如华为、OPPO、papi 酱。注意：不要出现违禁字眼，如图 1-15 所示。

图 1-15

步骤5 填写"认证信息"，其内容为企业名称/品牌全称＋官方账号，如图 1-16 所示。

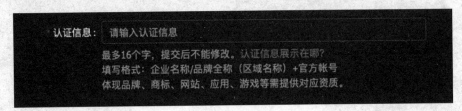

图 1-16

步骤6 填写"行业分类"，其内容根据自身公司经营的产品和内容来选择。例如，华为公司选择 3C 及电器，老干妈公司选择食品饮料，如图 1-17 所示。

步骤7 上传"企业营业执照""认证申请公函"和"其他资质"。注意：上传的"企业营业执照"照片有格式和大小限制，且务必保证彩色版和较高的清晰度；"认证申请公函"需要加盖公章和保证彩色扫描版，无公章的情况下需要提交身份证正反面；"其他资质"证明要反映公司名称的使用权或者所有权，如网站 ICP 备案查询截图、商标注册证扫描件、软件著作权证扫描件、其他品牌授权文件扫描件，如图 1-18 所示。

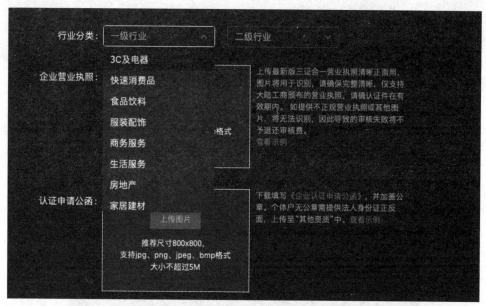

图 1-17

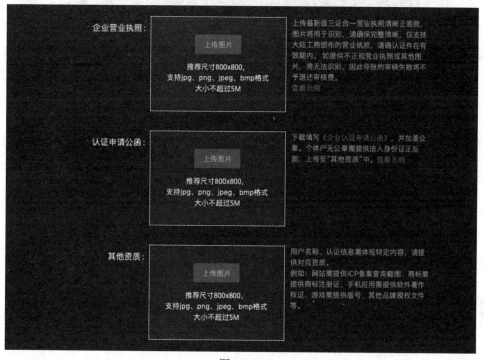

图 1-18

步骤8 填写"运营者姓名""运营者手机号"和"运营者电子邮箱"。注意：运营者姓名和运营者手机号是必填项，并需要输入验证码；运营者姓名必须与企业认证申请公函上的姓名保持一致；运营者邮箱不是必填项，如图 1-19 所示。

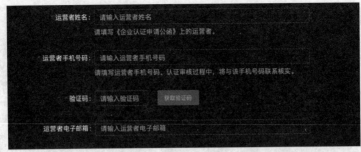

图 1-19

步骤9 填写邮箱，用于接收电子发票，如图 1-20 所示。

图 1-20

步骤10 勾选"同意并遵守……"，继而点击"提交资料"按钮，完成抖音蓝 V 认证，如图 1-21 所示。注意："关注抖音 @ 企业号小助手"是系统自带勾选选项，为必要选项。

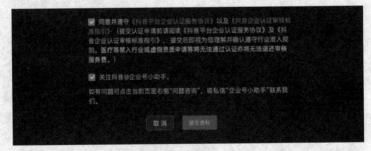

图 1-21

一、平台调性

随着短视频平台流量的不断增长，企业也越来越重视短视频推广带来的效益，这就引出了一个问题：如何选择更适合自己的平台，从而使平台推广的收益达到最大化？

这就要从平台的调性说起。每个平台都有不同的调性，也就是平台的特点及导向，适合平台调性的内容才更容易引起观众的共鸣。

1. 抖音平台的调性

（1）算法倾向。抖音作为各大 APP 排行第一的短视频软件，其算法倾向于爆款视频和流量池，它会根据视频的内容进行流量分配，然后根据视频现处流量池里的表现，来决定推荐或是止步。抖音的广告语是"记录美好生活"，其中"美好"二字体现了其内容导向，如果想在抖音上成就爆款视频，其内容除了美感、时尚，还要有积极、乐观的精神内核。

（2）IP 化账号。简单来说就是一个账号要有鲜明的标签和统一的主题风格。例如，账号"哈哈妈妈"，其人设是可爱活泼的单身妈妈，其所有的内容都是围绕着母亲、孩子、食品来产出的，观察该账号的内容可以发现，定位非常清晰，即介绍母婴方面的小知识，包括怀孕、分娩、孕期护肤、婴儿护理等方面的内容，因此抖音的算法会将其判定为专做母婴类的账号，并将它推荐给关注母婴健康的用户。随着其在用户群体中慢慢形成影响力，该账号的标签完成 IP 转化，如图 1-22 所示。

（a） （b）

图 1-22

2. 快手平台的调性

（1）用户群体。快手的用户群体大多集中在三、四线城市，早期以猎奇、趣味、搞怪为吸睛点，打造亲民生活化路线。后期通过扶持农业和公益，快手的"土味"标签得到升华，成为真正意义上的"老铁文化"。快手的出现，让很多基层人群得到了表现自己和与这个时代沟通的机会。

（2）越"土"越"火"。快手以视频为展现方式，吸引粉丝，视频作为一个入口，吸引粉丝去看直播，因而直播带货是快手的最大特点，如土特产带货、吃播和土味美妆都是能在快手上火起来的。建议在快手上发接地气或者稍微偏技能类的视频，如老铁666、单口爆墨鱼。这样的视频在快手上很容易引起观众的共鸣。

如图1-23所示，这是快手平台上一个很"土"但是非常火的账号，其内容主要以东北小故事为主。

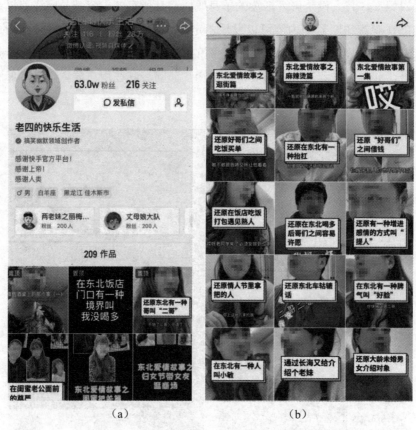

（a）　　　　　　　　（b）

图　1-23

3. 美拍平台的调性

美拍是偏向于女性用户的潮流短视频社区，其中垂直品类中有穿搭、美妆、吃播和萌宠等，可以总结为"视频版"的美图秀秀。其视频滤镜、自拍滤镜较好，符合女性用户的心理需求。从而，用户愿意发到社交圈进行自发性的分享。所以，美拍适合投放带官方话题，以女性用户为主的视频内容。

4. B 站平台的调性

在 B 站中，有相当一部分视频是 5～10 分钟的长视频。与其他短视频平台相比，B 站的很多 UP 主有明显的个性特点，其内容的种类既丰富又有特色，有很多偏向于二次元和其他小众文化的视频，而且有独特的弹幕文化。所以，B 站很适合投放二次剪辑（混剪）、鬼畜、搞笑、电影电视剧解说等视频，或是比较有特色、比较冷门的小众内容视频。如图 1-24 所示。

（a）　　　　　　　　　　（b）

图　1-24

二、身份认证

在各个平台，均存在不同的身份认证。从表面来看，这彰显了账号的不同身份，如明星账号和达人账号一般是黄 V 或红 V，企业账号是蓝 V；从流量的角度来看，有没有 V，黄 V 还是蓝 V，代表了不同的流量倾斜，简单来说，就是加 V 的账号，其内容肯定比普通账号更容易获得平台的推荐。

1. 抖音蓝 V

抖音蓝 V 是抖音官方平台针对企业开通含有营销内容的账号，是企业认证号，类似微博蓝 V 认证号。在抖音上，如果没有企业认证也就是蓝 V 认证的话，账号主体发布的广告就会被限制，这在很大程度上会影响企业的推广和盈利。同时，站在消费者的角度，账号进行蓝 V 认证，证明是官方认证，也增强了消费者的信任感。与普通号和黄 V 号相比，抖音蓝 V 有以下专属功能，助力企业进行营销推广。

（1）官方认证标识，彰显企业价值。带有蓝 V 标志的身份标识，更具有公信力，更容易得到用户的认可。

目前的抖音号存在三种类型：普通号、黄 V 号和蓝 V 号。大部分人注册的都是普通号，界面及功能都是面向个人的，如主页里的三个菜单：作品、动态和喜欢。优秀的视频创作者以及明星，经过平台认定后，会给予黄 V 的身份标识，有的大 V 的主页菜单项会多一项"音乐"。而企业注册的，就是蓝 V 号，会给予蓝 V 的身份标识，主页的菜单项多了一项"商家"，如图 1-25 所示。

图　1-25

（2）昵称唯一，保护企业品牌。昵称唯一以及搜索置顶也是蓝 V 账号的优势。普通用户的昵称是可以重名的，但每个企业号的昵称在全平台是唯一的，而且当用户在搜索昵称时，与之对应的企业账号会展示在最上面，很好地保护了品牌，增强了用户的信任感。

（3）配套功能，助力企业营销。蓝 V 的第三个优势就是它丰富的功能组件，这些功能能让你光明正大地做营销。《抖音企业蓝 V 白皮书 2019》中的数据显示，最受商家欢迎的六大功能分别是私信、电话、评论、外链、置顶和 POI。

和普通号不同的是，蓝 V 的私信功能可以设置自动回复快捷语及客服菜单，从而让用户的询问能及时地得到反馈。例如，"西双版纳花漾庭院"这个账号，他的自动回复设置比较完善，让潜在客户能迅速获得想要了解的信息，如图 1-26 所示。

（a）

（b）

图　1-26

　　电话、外链及购物车功能也能快速地与潜在客户互动，是实现转化的好帮手；还有 POI 地址认领功能，能让用户快速地获取你的线下地址，尤其是对于餐饮业，当用户看到你视频中的美食蠢蠢欲动时，这些功能就能让他们马上知道这家店的位置，还能通过优惠券激发客户的消费欲望，导流转化效果特别明显，如图 1-27 所示。

（a）

（b）

图　1-27

另外，为了规范用户行为，抖音严格管理发广告的行为，不允许用户有留联系方式的行为。但是获得蓝V之后，作为企业号，可以发布广告信息。

总的来说，企业认证的重要性在于账号可以发布广告信息以及更好地运营，达到市场营销和电子商务的目的。

2. B站小闪电

与其他平台的"V认证"不同，B站的认证是一个小闪电，分为黄色闪电和蓝色闪电。黄色闪电为名人、明星、平民大V、UP主的认证，如图1-28所示。

图 1-28

蓝色闪电为政府、企业、媒体、组织等的认证，如图1-29所示。

图 1-29

1. 企业账号认证是非常重要的，因为只有平台加 V 之后，企业账号才能合理地进行商业行为。

2. 企业认证信息一经认证是不可改变的，所以，申请的时候，务必谨慎对待。用户名采取先到先得的规则，所以，尽早进行企业号认证，以免出现名字被人占用的情况。

3. 抖音和快手是短视频平台的无冕之王，更是"相爱相杀"的关系，有必要对比两者的平台调性。如果企业自身定位较高、产品和内容比较潮、用户群体在一二线城市、期待刷屏爆款，那么更适合入驻抖音。但是，快手的粉丝黏度高于抖音，如果企业想要更有效的转化和私域流量，且潜在客户属于三、四线城市和县城，最好选择快手。

知识训练 >>

1. 蓝 V 代表着（　　）。[单选]

A. 企业账号　　　　　　B. 明星账号　　　　　　C. 个人账户　　　　　　D. 国企账号

2. 李栋旭（韩国明星）如果入驻抖音可以获得（　　）称号。[单选]

A. 蓝 V　　　　　　　　B. 黄 V　　　　　　　　C. 紫 V　　　　　　　　D. B 站会员

3. 在企业认证步骤中，上传模糊的营业执照是不被允许的。（　　）[单选]

A. 对　　　　　　　　　B. 不对

4. 企业营业执照不可以用以下哪种格式上传？（　　）[单选]

A. .jpg　　　　　　　　B. .pdf　　　　　　　　C. .png　　　　　　　　D. .bmp

5. 土味视频为什么能在快手"火"？

6. 如果你是雅诗兰黛品牌的公关人员，公司通知你在短视频平台投放广告，你会选择哪些平台？并给出理由。

7. 通过以上的学习，你对自己的抖音私人账号有什么策略性的调整？并给出理由。

技能训练 >>

"选择并部署短视频平台"技能训练表，见表 1-3。

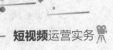
表 1-3

学生姓名		学 号		所属班级	
课程名称			实训地点		
实训项目名称			实训时间		
实训目的： 选择并部署短视频平台。					
实训要求： 1. 自选一个短视频平台，分析该平台的特点。 2. 对比蓝 V 号与普通个人号的区别。 3. 列举蓝 V 号的营销功能。					
实训过程截图：					
实训体会与总结：					
成绩评定（百分制）			指导老师签名		

扫一扫下列二维码，下载实训表格。

② 项目 2
短视频用户洞察

　　自媒体时代是指以个人传播为主，以现代化、电子化手段，向不特定的大多数或者特定的单个人传递规范性及非规范性信息的媒介时代。人人都有麦克风，人人都是记者，人人都是新闻传播者。这种媒介基础凭借其交互性、自主性的特征，使得新闻自由度显著提高，传媒生态发生了前所未有的转变。（来源：百度百科，https://baike.baidu.com/item/%E8%87%AA%E5%AA%92%E4%BD%93%E6%97%B6%E4%BB%A3）

　　在以"短、频、快"为主要特征的自媒体时代下，各短视频平台通过技术攻关，不断优化用户体验。用户作为一种资源，是互联网平等话语权下个性化信息的生产者和接受者，只有深入了解用户在多个细分维度下的差异，才能实现更精准的市场定位，制定更合理的发展战略，因此关注用户、研究用户格外重要。

**项目提要**

　　本项目以分解用户特征为切入口，通过掌握基本的用户信息收集途径，以及对用户画像的分析、呈现方式进行指导，从而训练运营者快速定位目标用户，并根据行业特点，提炼垂直用户特征，为制定短视频运营方案提供依据，从而达到良好的运营效果。

**项目思维导图**

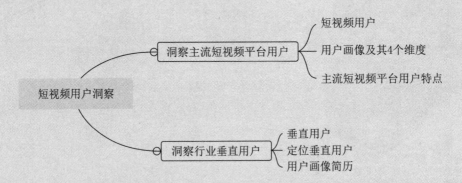

**引例**

　　小美是电子商务专业的毕业生，就职于一家大型的美妆公司，业务能力较强。近期，公司想通过短视频拓展线上业务渠道，小美作为业务骨干被调到新部门开始短视频业务的筹备工作，但她遇到了一些困难：由于没有媒体从业经验，她不知道如何策划出更符合短视频形式的营销方案，也不知道哪一个短视频平台更适合投放广告。经理建议她先调查一下主流短视频平台用户的现状，再根据本公司的美妆产品特点精准施策。

　　小美调研了一些行业数据，积极了解短视频平台用户的特点，并且虚心地向客户部的同事请教本公司客户的特点和数据采集的方法，根据这些数据，她了解到不同平台的目标用户特征，并针对这些特征策划出第一阶段的短视频营销方案，实施后发现效果不错，公司的线上销售额有明显提高，小美很开心，继续投入到下一阶段的分析和策划中。

建议学时

　　4学时。

任务 2-1 洞察主流短视频平台用户 ▶

小美发现主流短视频平台的用户量非常庞大，该如何入手查找资料，获取用户数据，得到有效信息呢？她定下一个小目标：先从宏观方面了解短视频行业用户情况，再从微观方面调查主流短视频平台用户特征。

知识目标：

1. 了解短视频行业用户的基本情况。

2. 了解主流短视频平台用户画像及其 4 个维度。

技能目标：

1. 掌握获取用户信息的最佳渠道。

2. 能够根据用户画像的 4 个维度分析短视频平台用户。

思政目标：

1. 培养信息意识，提高信息素养。

2. 尊重用户的个体差异，保护用户的隐私。

2 学时。

小美首先从短视频行业的隶属关系出发，依次找到相关的官方机构：中国网络视听节目服务协会、国家互联网信息办公室、国家新闻出版广电总局等，以此为线索逐步了解短视频行业相关概况，然后再收集各主流短视频平台相关的用户报告。

步骤1 了解官方政策法规。打开搜索引擎,进入短视频平台相关部门"中国网络视听节目服务协会"(http://www.cnsa.cn),查阅 2019 年 1 月发布的《网络短视频内容审核标准细则》,其具体内容共有 100 条,对短视频的标题、名称、评论、弹幕、表情包,以及语言、表演、字幕、背景等提出了相关要求。想利用短视频进行营销的个人和公司务必要了解相关政策,以免触线,造成不必要的损失,如图 2-1 所示。

图 2-1

步骤2 了解官方研究机构相关资料和数据。打开搜索引擎,进入"中华人民共和国国家互联网信息办公室"(http://www.cac.gov.cn),查阅"第 44 次《中国互联网络发展状况统计报告》(全文)",如图 2-2 所示。

图 2-2

了解到以下与短视频用户有关的信息,如图 2-3、图 2-4、图 2-5 所示。

网络视频运营更加专业,娱乐内容生态逐步构建

截至 2019 年 6 月,我国网络视频用户规模达 7.59 亿,较 2018 年底增长 3391 万,占网民整体的 88.8%。各大视频平台进一步细分内容产品类型,并对其进行专业化生产和运营,行业的娱乐内容生态逐渐形成;各平台以电视剧、电影、综艺、动漫等核心产品类型为基础,不断向游戏、电竞、音乐等新兴产品类型拓展,以 IP(Intellectual Property,知识产权)为中心,通过整合平台内外资源实现联动,形成视频内容与音乐、文学、游戏、电商等领域协同的娱乐内容生态。

图 2-3

(资料来源:第44次《中国互联网络发展状况统计报告》)

各类应用使用时长占比

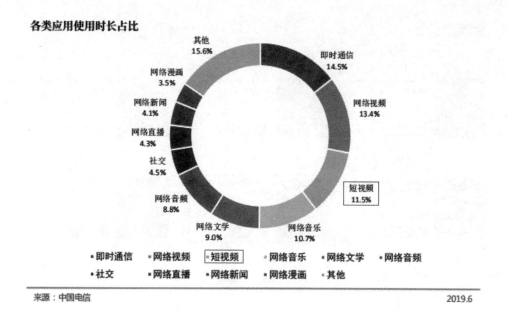

图 2-4

（资料来源：第44次《中国互联网络发展状况统计报告》）

六类应用使用时段分布

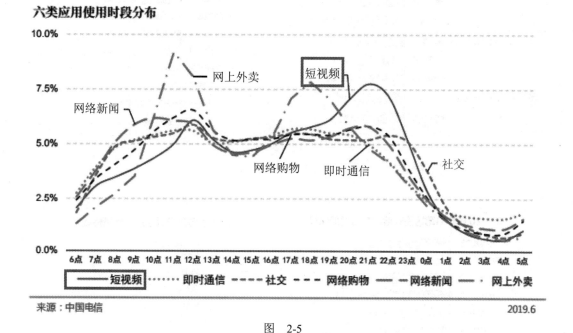

图 2-5

（资料来源：第44次《中国互联网络发展状况统计报告》）

步骤3 了解第三方研究机构研究资料和数据。打开搜索引擎，进入"艾瑞咨询"（https://www.iresearch.com.cn)，查阅《2019年中国短视频企业营销策略研究报告》和相关资料，如图 2-6 ～图 2-8 所示。

图 2-6

（资料来源：艾瑞咨询）

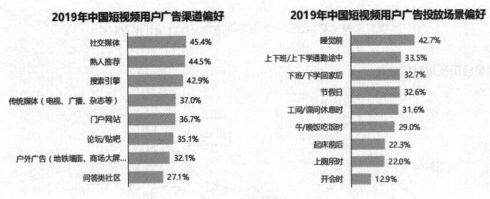

图 2-7

（资料来源：艾瑞 Click）

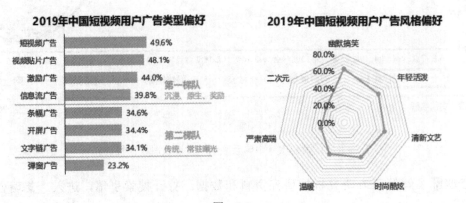

图 2-8

（资料来源：艾瑞 Click）

步骤4 短视频主要以互联网作为载体，所以国内外许多"互联网数据咨询机构"也会将其作为研究对象，为了获取更多报告资源，可以搜索以下知名机构和数据门户，见表 2-1。

表　2-1

序　号	类　　别	名　　称
第一类	知名研究机构和数据媒体	199IT 大数据、DCCI 互联网数据中心、Alexa、国家数据、谷歌趋势、中国互联网络信息中心、中国报告大厅、国家统计局、Our World In Data、毕马威、德勤、麦肯锡、埃森哲、普华永道、波士顿咨询、IBM－商业价值研究院、中商产业研究院、阿里研究院、腾讯大数据、360 安全研究报告、新浪研究报告、Mob 研究院 - 全行业专业数据报告、艾瑞网、易观智库、艾媒网、友盟＋、界面新闻、TalkingData、清科数据、猎豹全球智库、梅花网、数英网、36kr、因果树、IT 桔子、极光数据
第二类	全球互联网数据	百度指数、百度预测、Google 趋势、好搜指数、百度研究院、网络消费指数、TBI 腾讯浏览指数、头条指数、微信指数、Y Combinator Database、阿里指数、Netmarketshare、StatCounter、世界互联网统计数据、think with google、互联网人口数据、全球流量数据统计
第三类	视频数据	飞瓜数据、卡思数据、蝉妈妈、超微数据、新榜、短鱼儿（原抖大大）、抖抖侠、TooBigData、火烧云数据、淘榜单、BiliOB 观测者、游久直播排行、今日网红数据、直播观察、小葫芦排行榜、中国直播榜、斗鱼排行榜、熊猫直播排行榜、直播宝数据、淘榜单、达人记、网红百科

以 199IT 大数据导航为例搜索"短视频"，如图 2-9 所示。

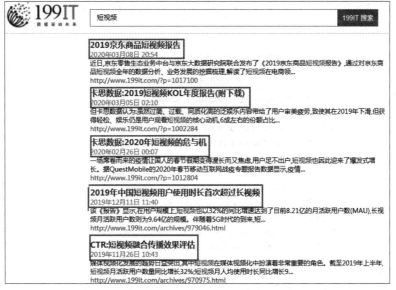

图　2-9

（资料来源：199IT网）

其中，获取信息的渠道比较多，收集到多样化的信息资料，需要熟练、精确地根据个人需求，按照相关性、有用性等原则，来取舍和筛选信息。

步骤5 基于收集到的研究报告，比较几个主流短视频平台，分析不同平台的用户的特点，如图 2-10 ～图 2-13 所示。

名称	快手	抖音	火山小视频	西瓜视频	美拍	秒拍
定位	记录和分享生活	主年轻人的15秒音乐短视频社区	15秒原创生活小视频社区	个性化推荐的短视频平台	女生最爱的潮流短视频社区	新浪微博官方短视频应用
运营模式	P+U 系平台	U 系平台	P+U 系平台	P 系平台	U 系平台	P 系平台
内容调性	猎奇、搞怪、趣味	有趣、潮酷、年轻	生活化、八卦猎奇	今日头条视频版	专注女性化生态	新浪微博视频版
推出时间	2014 年 11 月	2016 年 9 月	2016 年 12 月	2016 年 5 月上线，2017 年 6 月更名	2014 年 5 月	2013 年 8 月
视频长度	1 分钟左右	15 秒以下	15 秒以下	2 ～ 5 分钟	15 秒以下	2 ～ 5 分钟
画篇	主流竖屏	主流竖屏	主流竖屏	兼有	兼有	兼有
用户渗透率	47.20%	22.04%	26.19%	42.50%	36.24%	53.42%
人群属性	24 岁以下年轻女性用户为主，三四线城市渗透率高，博主多为农村背景	24 岁以下年轻女性用户为主，一二线城市渗透率高	30 岁左右的三四线城市用户，鼓励农村用户	以"80后"到"95后"为主	年轻女性群体为主	以"80后"到"95后"为主
内容涵盖	民间称其为"东北人专区"，炫富、晒娃、犯傻、唱歌、跳舞。包含很多奇闻异事，作品没有标签分组，自由度高但质量难以保证	以音乐为中心进行内容划分：流行、欧美、国风、混音、激萌、舞蹈、二次元、说唱、校园、影视原声等	做菜、搞笑、玩乐等，涉猎范畴较广；但大部分是关于吃播、段子、技巧或广场舞的	是头条号作者的一个创作平台，内容大而全，有新农村版块，部分头部卫视的精彩剧集、综艺会有推荐展示	包括舞蹈、美妆、宝宝、运动、萌宠、穿搭、美食等八大核心内容	借助微博的社交效应，聚集了很多头部 IP 短视频内容，如一条、二更、王尼玛、papi 酱、日食记等
特色属性	同城功能（可查看地理位置周围人信息并互加好友）、直播功能，用户打赏	同城功能（可查看地理位置周围人信息并互加好友）	火苗计划：用户打赏＋培训计划（火力值可兑换现金，10 火力 =1 元），有直播功能	3+X 变现计划：平台分成升级、边看边买（为创作者提供电商功能）、有直播功能	后期制作功能强大，直播类型丰富，有强大时尚资源，有线上抓娃娃机"美抓抓"	有游戏视频解说和游戏视频社区，注重内容的专业孵化及创作者平台及扶持机制

图 2-10

主流短视频平台用户性别分布对比（%）

■ 女性比例　■ 男性比例

平台	女性比例	男性比例
快手	57%	43%
抖音	59%	41%
西瓜视频	38%	62%
火山小视频	44%	56%
美拍	73%	27%
秒拍	70%	30%
波波	47%	53%
梨视频	53%	47%
土豆视频	47%	53%
百度好看	46%	54%
微视	63%	37%
小米快视频	34%	66%
小影	68%	32%
快视频	40%	60%
闲看视频	48%	52%
小咖秀	73%	27%
看点小视频	34%	66%
开眼	54%	46%

图 2-11

（资料来源：前瞻产业研究院）

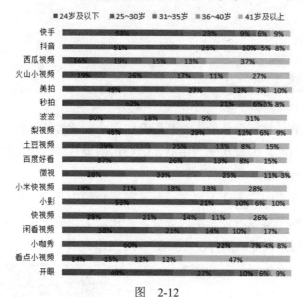

图 2-12

（图片来源：前瞻产业研究院）

主流短视频平台用户收入分布对比（%）

■3K以下 ■3K~5K ■5K~10K ■10K~20K ■20K以上

平台	3K以下	3K~5K	5K~10K	10K~20K	20K以上
快手	34%	40%	20%	4%	2%
抖音	33%	32%	23%	8%	4%
西瓜视频	29%	36%	24%	7%	4%
火山小视频	29%	38%	25%	6%	3%
美拍	33%	31%	23%	8%	4%
秒拍	33%	28%	25%	10%	4%
波波	30%	32%	25%	9%	4%
梨视频	24%	25%	28%	15%	8%
土豆视频	32%	37%	21%	6%	3%
百度好看	27%	29%	27%	11%	6%
小米快视频	30%	38%	22%	7%	2%
小影	34%	29%	23%	9%	5%
快视频	34%	29%	23%	9%	5%
闲看视频	28%	29%	27%	10%	6%
小咖秀	34%	28%	25%	10%	4%
看点小视频	31%	40%	23%	5%	2%
开眼	24%	23%	30%	15%	9%

图 2-13

（图片来源：前瞻产业研究院）

步骤6 模仿以上步骤，搜索"短视频""短视频用户""主流短视频平台"等关键词，尝试从宏观方面分析短视频行业，再从微观方面分析短视频平台用户的特征。

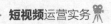

一、短视频用户

传统媒体中，受众是接收信息的人，是听众、观众、读者的通称。在新媒体中，受众享有了前所未有的参与度，由被动变为主动，随心所欲地从媒体中提取所需信息，也可以参与媒体的制作和传播活动。

短视频用户，在互联网平等话语权下，既是短视频的生产者，也是短视频的接受者，从外延上看，是网民的子集或者说是组成部分，在逻辑上，研究短视频用户必然涉及对网民的相关调查，网民规模和互联网普及率如图2-14所示。

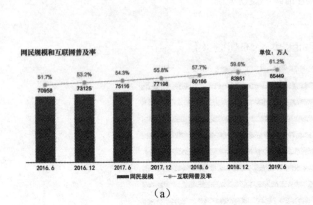

图 2-14

（资料来源：CNNIC中国互联网络发展状况统计调查）

短视频用户规模方面：截至2019年6月，我国网民规模达8.54亿，互联网普及率达61.2%，手机网民规模持续增长，占网民总量的99.91%。网络视频的使用率排名第二，其中，短视频用户达6.47亿，占网民总量的75.8%。相信随着5G时代的到来这一数字将进一步增加。

二、用户画像及其4个维度

短视频用户数量规模大，意味着潜藏庞大的待转化客户群体，在短视频运营中一定要聚焦用户的需求，了解短视频用户的基本特征，而用户画像是一种常用的分析与展示方法。

1. 用户画像

用户画像（Persona）最早是由交互设计之父艾伦·库珀（Alan Cooper）提出，用户画像是真实用户的虚拟代表，是根据一系列基于用户的真实数据而挖掘出的目标用户模型。用户画像的本质是消费者特征"可视化"，通过收集与分析用户的主要信息，将得到的用户所有标签综合起来，即可勾勒出用户的整体特征与轮廓，见表 2-2。

表　2-2

标签类别	用户画像常见的底层标签内容
兴趣特征	兴趣爱好、使用 APP/ 网站、浏览 / 收藏内容、互动内容、品牌偏好、产品偏好
社会特征	婚姻状况、家庭情况、社交 / 信息渠道偏好
消费特征	收入状况、购买力水平、已购商品、购买渠道偏好、最后购买时间、购买频次

用户画像的可视化一般使用虚拟图形、饼图、柱状图等对标签的覆盖人数、覆盖比例等指标作出形象的展示，制作步骤一般包含三个方面：

（1）搜集用户数据，这是确定用户画像的重要基础。

（2）用户画像要与产品、业务具有强相关性。

（3）从海量数据中挖掘深层次的用户潜在信息，通过数据可视化技术来呈现。如图 2-15 所示。

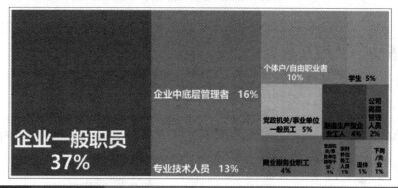

图　2-15

（资料来源：36Kr研究院）

另外需要注意的是，用户画像可分为群体用户画像和个体用户画像，第一种是抽象的族群代表，表示某一类人的特征，用于分析群体特征，一般通过定量分析得到结论，在收集到的各种报告中比较常见，如图 2-16 和图 2-17 所示；第二种是具体到某个个体用户上，表示该用户的特征，用于做个性化分析，一般通过抽样、访谈得到结论，如图 2-18 和图 2-19 所示。

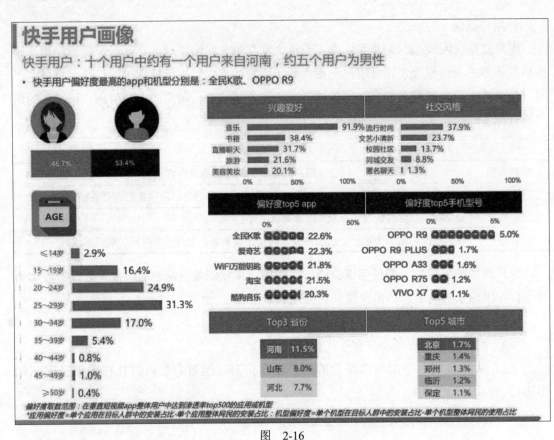

图　2-16

（资料来源：极光数据服务）

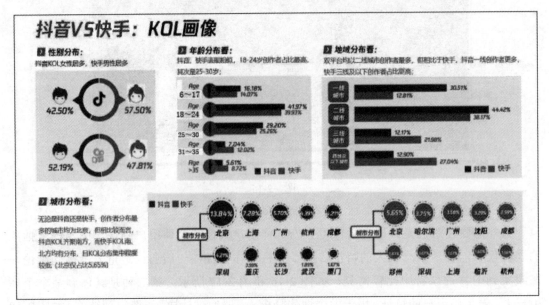

图　2-17

（资料来源：卡思数据）

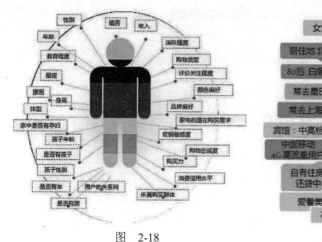

图　2-18

（图片来源：微信号yidianganwu）

图　2-19

（资料来源：《HCR大数据战略之三：全景洞察的消费者
画像模型》http://www.199it.com/archives/361572.html）

2.4 个维度

（1）基本属性。基本属性是指比较稳定、不会频繁变化的属性，通常是一些最基本的用户信息，如性别、年龄、学历、地域（农村或城市，南方或北方，国内或国外等）、职业、宗教、基本收入、婚姻状况。基本属性的作用：用户个人的基本属性十分重要，直接影响用户的心理和行为习惯。

（2）行为属性。用户的行为具有动态性，比如用户的兴趣爱好、社交、工作娱乐、旅游学习、上网习惯。行为属性的作用：记录互联网用户的活动，从用户的行为事件中推测出用户的基本情况。例如，运营人员通过研究用户在短视频平台上的"转发""评论"和"点赞"量、使用频率、使用时长和客单价等行为数据，来划分用户活跃度等级，了解特定群体的心理状态和个性需求，从而判断用户价值。

（3）心理属性。心理属性是指用户在环境、社交、感情经历中的心理反应或者心理活动，也可以包含爱好、情感、价值观、思维习惯等。心理属性的作用：通过研究用户的心理，有针对性地制定具有吸引力、打动人心的营销方案，使企业产品快速与目标用户产生连接。

（4）消费属性。消费属性是指用户的需求、消费意向、消费水平和消费偏好，反映用户的消费能力、消费等级和用户价值。消费属性的作用：提供依据，确保产品始终围绕用户更新升级。

三、主流短视频平台用户特点

想做短视频营销，我们不得不深入了解各种主流短视频平台，例如：抖音、快手、西瓜视频、B站。俗话说得好，"知己知彼，百战不殆"，只有了解了不同平台间的区别，才可以对症下药，用恰当的方式，在不同的平台上做可以迎合大众的营销方案，如图2-20所示。

排名	APP名称	月度活跃用户规模（亿人）	活跃用户环比增幅(%)
1	抖音短视频	5.30	0.34%
2	快手	4.25	1.20%
3	西瓜视频	1.41	-1.07%
4	火山小视频	1.41	1.86%
5	好看视频	0.85	2.54%
6	快手极速版	0.59	8.04%
7	微视	0.41	-1.46%
8	抖音极速版	0.25	23.96%
9	全民小视频	0.23	3.05%
10	波波视频	0.20	-2.96%

图 2-20

（资料来源：Analysy易观）

在2019年11月的移动短视频APP榜单中，抖音短视频、快手、西瓜视频分别以5.30亿、4.25亿、1.41亿的活跃用户规模占据市场前三列，火山小视频以1.41亿活跃用户规模排名第四。在平台选择方面，需要主攻用户量大的几个平台，多做研究和筹划，如图2-21所示。

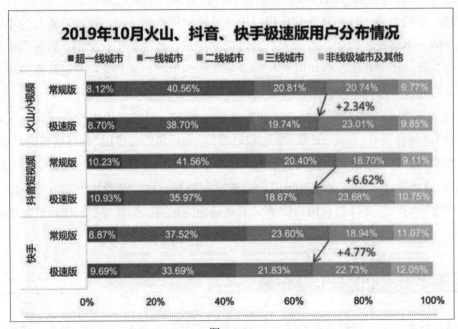

图 2-21

（资料来源：Analysy易观）

　　从火山、抖音、快手三款应用的用户分布情况来看，抖音用户在一、二线及以上城市分布比例较高，极速版应用便于拓展新用户，在三线以下城市能达到较好的效果。在平台选择方面，需要按照目标消费者的地域，合理挑选平台，如图 2-22～图 2-24 所示。

抖音	快手
性别：女性 52%，男性 48%	性别：女性 55%，男性 45%
年龄：35 岁以下超过 90%	年龄：25 岁以下超过 62%
学历：本科及以上 60%	学历：大专本科为主
城市：一线占 52%	城市：三、四线占 56%
人均播放时长：超过 90 分钟	人均播放时长：超过 70 分钟
日均播放量：超过 150 亿	日均播放量：超过 150 亿

图　2-22　　　　　　　　　　　　　　　图　2-23

图　2-24

（资料来源：卡思数据）

　　两个平台都以年轻人为主力，日均播放量都超过了 60 分钟，说明用户的黏度高。这类平台有较强的吸引力，从城市分布能判断出抖音相比快手更加"潮"，而快手更"接地气"。在平台选择方面，要根据产品特征和目标用户的性别、学历、年龄分布、地域特点来挑选合适的平台。

　　总之，所有的用户画像都需要结合自己产品的目标用户来定位选择合适的短视频营销平台。

主流短视频平台产品定位及目标用户						
项目	抖音	快手	微视	美拍	火山小视频	西瓜视频	秒拍
产品定位	媒体传播平台，强运营，重视爆款内容	内容记录工具，自由传播	基于影像的动态社交语言	高颜值手机直播+超火爆原创视频	UGC的平民化视频创作平台	消遣时光	短视频社交平台
Slogan	记录美好生活	记录世界、记录你	发现更有趣	在美拍，每天都有新收获	为您记录不容错过的精彩瞬间	给你新鲜好看	10秒拍大片
目标用户	普通大众	二、三线年轻人	普通大众	有高美感需求的用户	三、四线城市用户	三、四线城市和农村用户	普通大众

图　2-25

下面以抖音为例，通过查阅公开报告，了解群体用户画像，如图2-26～图2-33所示。

图　2-26

（资料来源：199IT网）

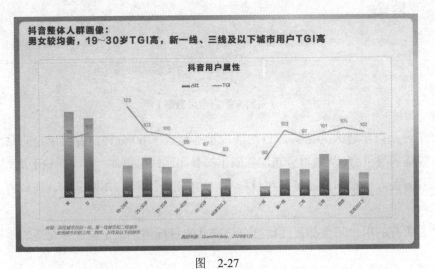

图　2-27

（资料来源：《2020年抖音用户画像报告》）

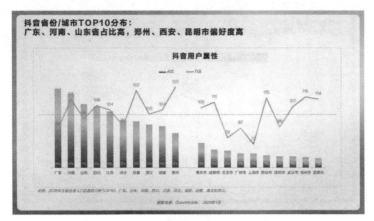

图 2-28

（资料来源：《2020年抖音用户画像报告》）

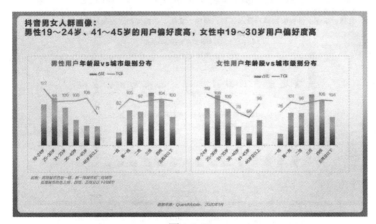

图 2-29

（资料来源：《2020年抖音用户画像报告》）

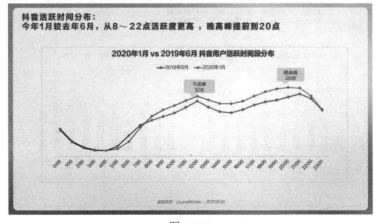

图 2-30

（资料来源：《2020年抖音用户画像报告》）

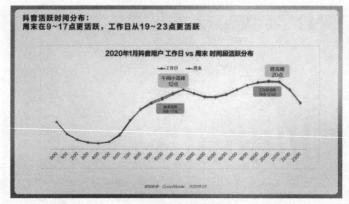

图 2-31

（资料来源：《2020年抖音用户画像报告》）

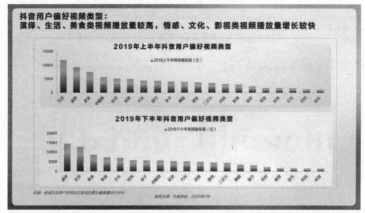

图 2-32

（资料来源：《2020年抖音用户画像报告》）

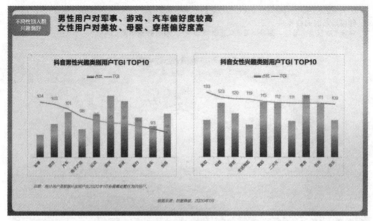

图 2-33

（资料来源：《2020年抖音用户画像报告》）

抖音整体人群画像分析：

（1）性别：男女用户比较均衡，男性中 19～24 岁、41～45 岁的用户偏好度高，女性中 19～30 岁的用户偏好度高。

（2）年龄：抖音用户的年龄主要集中在 19～30 岁，这个年龄段的用户 TGI 较高 (TGI：目标群体指数)，并随着年龄的递增，男性占比略高于女性。

（3）地域：广东省、河南省、山东省的用户占比较高，郑州市、西安市、昆明市的用户偏好度较高。

（4）兴趣：偏好视频类型中演绎、生活、美食类视频播放量较高，情感、文化、影视类视频播放量增长较快。男性用户对军事、游戏、汽车偏好度较高，女性用户对美妆、母婴、穿搭偏好度高。"00 后"对游戏、电子产品、时尚穿搭类视频偏好度高。"95 后"对游戏、电子产品、穿搭类视频偏好度高。"90 后"对影视、母婴、美食类视频偏好度高。"80 后"对汽车、母婴、美食类视频偏好度高。

（5）上网习惯：活跃时间集中在 20：00～22：00，工作日除了午间小高峰，19：00～23：00 最活跃；非工作日 9：00～17：00 都是活跃时间。

1. 用户画像一般有两种获得方式，一种是通过组织调研来汇总分析，获取必要的数据和资料；另一种是通过咨询公司发布的各种报告来获取。个人做大数据的调研较为浪费时间和精力，一般建议通过专业咨询公司来获取研究报告。公司、组织机构等可以购买咨询公司的会员，费用高昂，但是可以快速获取行业最新咨询，起到事半功倍的作用。

2. 通过查阅 3～5 份相关研究报告后，可以结合运营者公司的产品，精心筛选，选择有价值的数据和内容，最终形成适用于自身产品的总结报告。

知识训练 >>

1. 关于短视频用户行为，根据《网络短视频内容审核标准细则》，错误的有（   ）。
[单选]

A. 不得出现宣扬以暴制暴，宣扬极端的复仇心理和行为的内容

B. 不得出现人物造型过分夸张怪异，对未成年人有不良影响的内容

C. 不得在节目中植入非法、违规产品和服务信息的内容

D. 对国家有关规定已明确的标识、呼号、称谓、用语进行滥用、错用

2. 与短视频平台关联度较高的官方机构有（   ）。[多选]

A. 中国网络视听节目服务协会   B. 国家广播电视总局

C. 国家新闻出版广电总局   D. 国家互联网信息办公室

3. 用户画像的 4 个维度包括（   ）。[多选]

A. 基本属性   B. 行为属性   C. 心理属性   D. 消费属性

4. 简述获取短视频相关研究报告的途径。

5. 简述群体用户画像和个体用户画像的区别。

6. 简述短视频用户的特点。

技能训练 >>

"洞察主流短视频平台用户"技能训练表，见表 2-3。

表 2-3

学生姓名		学　　号		所属班级	
课程名称		实训地点			
实训项目名称		实训时间			
实训目的： 掌握获取、使用用户信息的方法。					
实训要求： 1. 搜索 1～3 个互联网咨询公司网站，查找短视频用户相关研究报告。 2. 参考搜集到的研究报告，对任一短视频平台的用户进行分析。					
实训过程截图：					
实训体会与总结：					
成绩评定（百分制）			指导老师签名		

扫一扫下列二维码，下载实训表格。

任务 2-2 洞察行业垂直用户 ▶

　　虽然了解了各个主流短视频用户的特征，也了解了自己公司客户的特点，但小美意识到自己的公司是专门做美妆产品的，必须了解互联网中关注美妆的这一类垂直用户的特征，因为这一类用户是非常重要的潜在客户，如果在了解潜在客户需求和共鸣点的基础上进行产品宣传，必定会有更好的效果。

知识目标：

1. 了解垂直用户的概念。

2. 了解短视频运营中垂直用户起到的积极作用。

技能目标：

1. 能运用互联网工具找到垂直用户的信息。

2. 能够制作用户画像简历。

思政目标：

1. 世界是多样的，要尊重用户的多样性和差异性。

2. 培养学生从整体行业出发，分析局部特点，了解整体与局部的关系。

2 学时。

　　步骤1 搜索并进入"飞瓜数据"，注册后，可以选择抖音版、快手版、B站版、微视版、秒拍版 5 个平台的监控数据，看到下图界面后，选择"我是 [创作者 /MCN]"，了解平台热门视频、音乐、话题和评论；选择"我是 [带货号 / 品牌主]"，了解爆款商品的相关排

行榜，如图 2-34、图 2-35 所示。

图　2-34

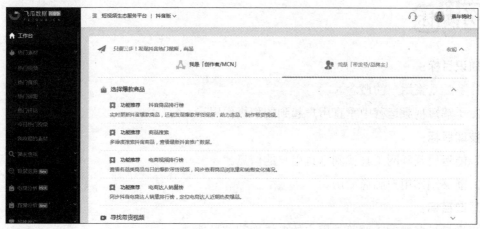

图　2-35

步骤2 根据导航，挑选查看自己感兴趣的热门素材和不同品类的爆款产品，如图 2-36、图 2-37 所示。

图　2-36

图 2-37

步骤3 根据自己公司商品品类，如在"搜索"中输入"美妆工具"，查看其全网销量、抖音浏览量和商品来源等信息，获取一手资料，如图 2-38 所示。

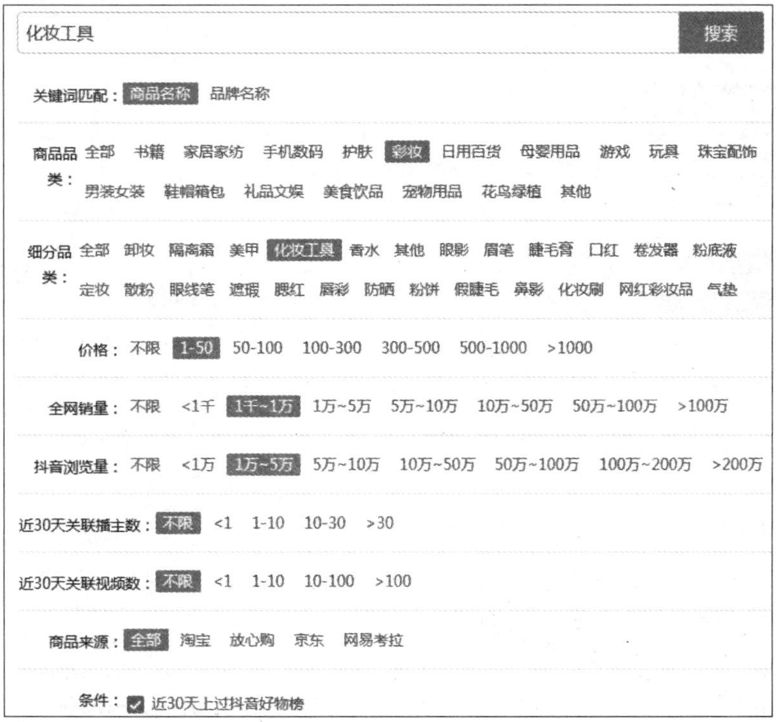

图 2-38

步骤4 还可以打开飞瓜数据的导航栏中"电商分析""电商达人销量榜"，通过查看"详情"，观察不同细分品类，分析同一行业里垂直用户的共性特征，如图 2-39、

图 2-40 所示。

图　2-39

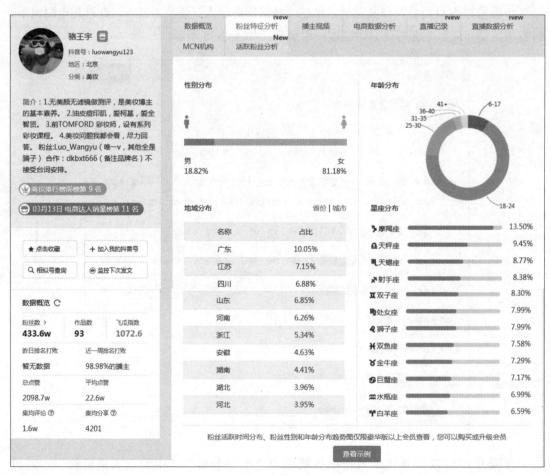

（a）

图　2-40

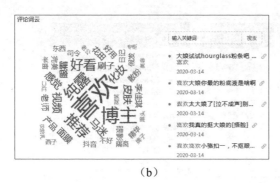

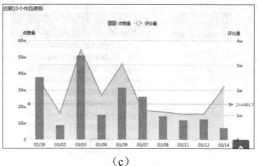

（b）　　　　　　　　　　　　　　　（c）

图　2-40（续）

步骤5 通过查找美妆 TOP20 博主的相关数据，了解抖音美妆类垂直细分领域用户的基本特征。

步骤6 通过在互联网上查找美妆行业报告，了解美妆类用户的基本特征，并结合步骤 5 中的调查内容，汇总形成总结报告。

一、垂直用户

1. 概念

垂直细分是指在某一个垂直行业的相关板块中不断挖掘业务深度。以美妆为例，美妆可细分为淡妆、浓妆、卸妆、护肤、香水、口红等，细分的美妆短视频在美拍等平台增长非常明显，也更易得到关注。

垂直用户，也可以理解为"市场细分人口"，指的是专门针对某个细分市场的特定消费人群，由于其千人千面的多样性和部分需求的相似性，短视频平台从业者在内容创作上必然会迎合不同用户的需求，如图 2-41、图 2-42 所示。

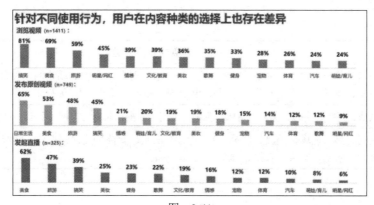

图　2-41

（资料来源：36Kr研究院）

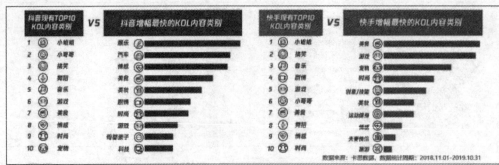

▲抖音VS快手：2019年1~10月数量增幅最快的KOL内容类别。

图 2-42

（资料来源：卡思数据）

2. 作用

关注市场细分领域，重视垂直用户的需求，在内容创作上深耕细作从而达到短视频运营良好的效果。

（1）促使创作更高辨识度的内容。面对千篇一律的"网红脸"，偶尔出现一个清纯自然并具个人特色的主播也能吸引我们的眼光。同样的道理，目前竞争中同质化严重，只有选择适合自己的垂直细分领域，凸显个人特色，提升账号的辨识度，深入挖掘题材的创作者才能吸引特定领域的兴趣人群。

（2）促使生产专业化内容。专业化生产能把内容做到极致，从而吸引垂直用户的青睐，进一步获取精准度和黏度更高的用户，形成良性循环。

二、定位垂直用户

在不同短视频平台上找到垂直用户的方法有很多，下面从两方面给出一些建议：

（1）利用短视频平台的频道分类或节目分类导航，见表2-4。

表 2-4

短视频平台	频道或节目分类
B 站	动漫、游戏、电竞、鬼畜、时尚、音乐、科技、数码、学习、动物圈、美食、虚拟 UP 主、明星、舞蹈、生活、综艺、电影、电视剧、相声、特摄、体育等
美拍	直播、搞笑、吃秀、美食、音乐、舞蹈、宝宝、女神、萌宠、男神、手工、明星、美妆、穿秀
秒拍	关注、热门现场、搞笑、明星、TV 秀、二次元、女神、美食、直播、同城、音乐、视界、时尚、萌宠、宝宝、韩娱、体育、汽车、旅行

（2）利用行业报告和互联网数据平台。可以通过行业协会官方网站，以及互联网资讯公司、阿里指数、头条指数等数据平台查找垂直用户相关资料，如图 2-43～图 2-45 所示。

图 2-43

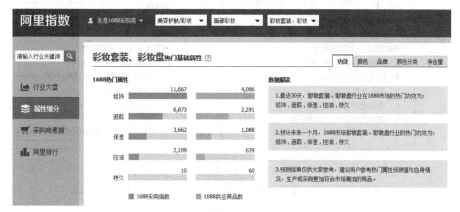

图 2-44

三、用户画像简历

可以将用户调查数据做成群体用户特征的图表，也可以做成个体用户画像简历，根据需要灵活使用，如图 2-46 ～图 2-48 所示。

特别关注触发不同年龄女性购买决定的因素：
15 ～ 24 岁小仙女——促销、价格实惠、爆款
25 ～ 34 岁轻熟女——平台信赖度、客服好、产品全

15 ～ 24 岁　实惠多　产品全　更安心　体验好

最重要的五大因素排序：
1. 美妆产品的促销力度大
2. 美妆产品价格实惠 / 有全网最低价
3. 能买到热销爆款
4. 是我信赖的平台 / APP
5. 售后服务好，退换货方便

25 ～ 34 岁　更安心　体验好　产品全

最重要的五大因素排序：
1. 是我信赖的平台 / APP
2. 客服人员积极负责，能及时解决问题
3. 品牌系列齐全
4. 方便海淘 / 有海外品牌的官方专卖店或全球直采
5. 售后服务好，退换货方便

图　2-46

（资料来源：《中国美妆消费者购买习惯与需求洞察白皮书》）

美护领域讨论词云
三、四、五线 - 男性

美护领域讨论词云
三、四、五线 - 女性

美护领域讨论词云
一、二线人群

说明：美妆和护肤的受关注程度不同，
比起一、二线人群更关注护肤，
三、四线城市人群对美妆的兴趣强于护肤。

图　2-47

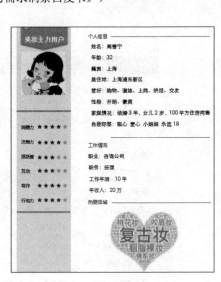

美妆主力用户

个人信息
姓名：周雪宁
年龄：32
籍贯：上海
居住地：上海浦东新区
爱好：购物、滑雪、上网、烘焙、交友
性格：开朗、素爽
家庭情况：结婚 3 年，女儿 2 岁，100 平方住房商套
自我称签：萌心　爱心　小姐姐　永远 18

洞察力　★★★★
决策力　★★★
忠诚度　★★★★
互动　★★★
写作　★★★★
行动力　★★★★

工作情况
职业：咨询公司
职务：经理
工作年限：10 年
年收入：20 万

热爱领域

复古妆

图　2-48

（资料来源：kantar media）

经验分享

1. 针对步骤 1 中的"飞瓜数据",提供免费和收费两种服务,如果是企业运营短视频监控和收集数据,建议开通会员,以获取更多精准信息。

2. 行业垂直用户分类比较多,并且有交叉的情况,如喜欢美妆的用户,也可能是喜欢知识付费的用户,平时注意多看多积累,通过各种途径了解目标用户的喜好和消费习惯。

3. 用户画像简历没有固定的形式,主要找到最具代表性的主力客户,准确、客观地反映出用户特征即可。

同步训练

 **知识训练** >>

1. 飞瓜数据的"创作者"角色,能够获取短视频平台与用户相关的哪些关键信息?
( ) [多选]

A. 热门视频　　　　B. 热门音乐　　　　C. 热门话题　　　　D. 热门评论

2. 垂直用户是( )。[多选]

A. 市场细分人口

B. 喜欢同一个短视频的人

C. 消费者

D. 短视频创作者

3. 提高短视频运营号辨识度的方法有( )。[多选]

A. 融入创作者个人特色

B. 深入研究垂直用户

C. 挖掘垂直细分领域题材

D. 刷量

4. 简述在短视频运营过程中,为什么要重视垂直用户的研究。

5. 查找并记录"美食""宠物"品类下的细分市场有哪些?

6. 以 B 站为例,查找"数码"品类用户,了解其特点,完成用户画像简历。

技能训练 >>

"洞察行业垂直用户"技能训练表,见表 2-5。

表 2-5

学生姓名		学　号		所属班级	
课程名称			实训地点		
实训项目名称			实训时间		
实训目的： 对行业垂直用户有深入的了解。					
实训要求： 参考各种行业报告数据，制作某行业垂直用户的用户画像，如美妆行业的用户画像。					
实训过程截图：					
实训体会与总结：					
成绩评定（百分制）			指导老师签名		

扫一扫下列二维码，下载实训表格。

3 项目3
短视频内容规划

近年来，短视频行业迎来爆发式增长，吸引了众多的独立创作者与机构。经过了最初的野蛮生长期，现在的竞争更为激烈。要想在短视频行业里分一杯羹，最关键的，在于原创作者是否能够拿出足够吸引观众的内容。在这个内容红利期的时间段里，内容越来越多元化，观众对短视频的内容质量的要求也越来越高，短视频内容的科学规划则显得尤为重要。

项目提要

本项目针对短视频内容的整体规划，主要围绕如何定位精准人群、规划优质内容、建设爆款选题库、策划创意选题展开，以能够持续不间断地输出有价值的内容。一方面可以吸引用户，另一方面也能留住用户。

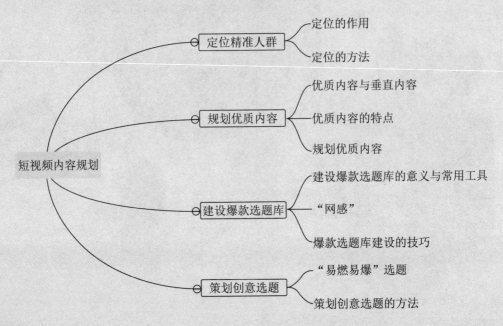

定位精准人群
- 定位的作用
- 定位的方法

规划优质内容
- 优质内容与垂直内容
- 优质内容的特点
- 规划优质内容

短视频内容规划

建设爆款选题库
- 建设爆款选题库的意义与常用工具
- "网感"
- 爆款选题库建设的技巧

策划创意选题
- "易燃易爆"选题
- 策划创意选题的方法

引例

　　小李是一名"吃货"，特别爱看抖音，经常边吃饭边看密子君、浪老师、办公室小野的视频。他感觉别人拍的短视频不仅很酷、很有趣，还能挣钱。密子君拍摄一个吃自助餐的视频点赞都好几万，他也想拍短视频挣钱，为此他去了一家公司应聘。通过公司经理的介绍，他发现就算都是关于"吃"的短视频，也是大不相同的。有的短视频关注制作食物的过程，有的则是拍摄吃食物的过程；环境的选择也不同，有的是在山林泉水间，而有的则是在精致的厨房；吃的食物也不一样，有的人只吃蛋糕，有的人无论吃什么都要搭配辣椒。经理给小李一个星期的时间去思考一个问题"怎么规划拍摄的内容？""要是我去拍摄短视频，我应该拍摄什么内容呢？什么内容才能挣钱呢？我真的可以做到吗？"小李不禁发出这些疑问。

建议学时

　　8学时。

任务 3-1　定位精准人群 ▶

　　面试过后，小李通过网络搜索了解到，近两年短视频呈现爆发式增长态势，用户规模达到 6.48 亿，用户使用时长占总上网时长的 11.4%，成为仅次于即时通信的第二大产品类型。想做短视频的小伙伴不在少数，在这个"人人都想分得一杯羹"的时代，怎样才能让你的视频脱颖而出？小李再次认真思考了经理的问题"怎么规划拍摄的内容？"，经理建议他先从定位目标人群开始，先去了解为什么要定位人群以及如何定位。

任务目标

知识目标：

1. 了解定位的作用。

2. 掌握如何进行定位的方法。

技能目标：

1. 能够进行科学的定位。

2. 能够分析定位人群时的各种因素。

思政目标：

1. 做定位前，先分析再决定，培养理智思维。

2. 考虑各种因素对精准人群进行定位，树立综合分析能力。

4 学时。

　　步骤1 打开并登录抖音 APP，搜索"饭饼饼"和"补屋小圆"，并加为好友，如图 3-1 所示。

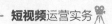

（a）　　　　　　　　　　（b）

图　3-1

步骤2 分别观看两个账号中点赞量比较高的视频，如图 3-2 所示。

（a）　　　　　　　　　　（b）

图　3-2

步骤3 分别记录他们的账号名称，并分析出账号定位、精准人群以及最大的特点。

步骤4 根据"皮皮（教做菜）"的示例，将 2 个视频的账号名称、账号定位、精准人群、最大的特点填入表 3-1。

表 3-1

	账号名称	账号定位	精准人群	最大的特点
例子	皮皮（教做菜）	美食制作	美食爱好者	塑料普通话
1				
2				

步骤5 结合视频内容，分析其火爆的原因。

一、定位的作用

定位是个比较宽泛的概念，在商业上，定位之父杰克·特劳特说过："所谓定位，就是令你的企业和产品与众不同，形成核心竞争力。"定位精准人群亦即找到一群合适的受众，服务好这群人，进而形成你的核心竞争力。

在这个互联网时代，数亿的网络用户，每天产生的视频内容也是数以百万计，如何能让你发布的视频被更多人看到、更多人喜欢、更多人关注呢？做好你的定位，找到精准的人群，这是最基础的一步，也是最关键的一步。是否定位好了精准人群，直接决定了你的涨粉速度、变现方式、变现多少、变现难度以及引流的效果，也同时决定了你将来的内容布局。定位精准人群的作用主要有以下几个方面。

1. 明确第一印象，体现自身专业

如图 3-3 所示，就像周星驰电影里面的如花，虽不是最丑的，但只要一提到周星驰电影里的丑角，大家多半就会想到"她"；1986 版的《西游记》是第一代唐僧，但是若提到最啰唆的唐僧，则多半会想到罗家英版的，因为他所唱的《Only you》已经啰唆到深入人心了；再比如一提到周星驰电影里满满都是爱的眼神，那大家多半就会想到朱茵所扮演的紫霞仙子那让人心动的眨眼。我们之所以进行定位，就是希望通过精准的标签，打造深刻、专业的第一印象。

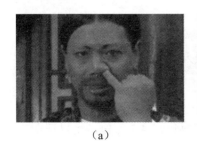
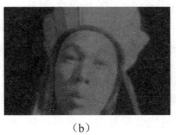

（a）　　　　　　　　（b）　　　　　　　　（c）

图 3-3

定位好目标人群，更有利于建立自己的"鱼塘"，体现自身专业性。当用户打开你的视频的主页面时，能够快速地了解你是谁，你做的内容是什么，从而记住你、认可你。如图3-4所示，抖音上的"醉鹅娘"，打开她的主页面，里面的视频都是针对各种酒的，包含各种调酒的方法、酒的搭配、喝酒的小常识、一些不常见的酒等。给人的感觉是定位非常清晰，这个账号就是针对酒的，而且对酒的研究很多，一看就让人感到很专业。

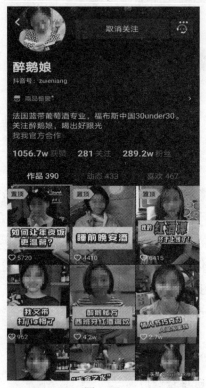

图 3-4

2. 吸引精准粉丝，打好变现基础

精准地定位人群，你发的视频内容自然也就定了，就是针对某一特定人群的爱好或者需求。与此同时，被你的视频吸引的一群人，也是需要你的产品和服务的一群人。例如，你擅长做一些家常菜，那么你的精准受众就是：美食爱好者，想学家常菜的人。粉丝在认可你视频的同时，也有了你日后的视频变现的心理基础。

如图3-5所示，"懒人家常菜"的视频都是一些教观众做家常菜的教程，方法简单实用，被它吸引的粉丝就是想吃家常美食，但是本身厨艺欠佳的懒人美食爱好者，它的变现方向就是与美食相关。

如图3-6所示，"懒人家常菜"在商品橱窗里卖的商品，都是跟美食相关的调料、厨房用品等。仅仅一个白凉粉就售出3.6万份，奥尔良烤翅腌料售出4.2万份，足以证明定位精准人群的重要作用。

图 3-5　　　　　　　　　　图 3-6

3. 迎合平台喜好，获得流量扶持

当下所有的互联网平台都一样，抖音、今日头条、微博、小红书或者其他自媒体平台，都希望能有更多的在特定领域垂直并持续产出的账号。就像是各种达人一样，这样的账号和内容对平台来说更有价值。如果符合这点，平台才会不断地给予流量上的支持。所以，提前精准定位有需求的人群，才能根据人群特点来规划内容，以保证后期持续输出的内容是平台偏好的优质内容，进而不断地获得流量支持。

二、定位的方法

1. 选择优势赛道

正如某位名人所说"选择比努力更重要"。别人做得好的，自己不一定能做得好。就像一些明星、红人、KOL 类的账号和内容，点赞量、粉丝量都非常高，但是如果自己没有那个形象和才艺，就很难模仿；又如一些动画和特效类的账号和内容，如果自己没有那个技能，那也做不了。所以在做定位的时候，要从自身出发，看自己能做什么、擅长做什么，这样才能保证内容的质量和持续性产出。

"这就是葛老师"是一个拥有 718.1 万粉丝的账号，视频中的葛老师是一名热爱教育的语文老师，特别擅长拼音教学，这方面的内容不仅非常有用并吸引妈妈群体，而且在平台上还比较少，所以很有优势，如图 3-7 所示。

2. 垂直是王道

我们要把用户群体进行拆分,一个账号只专注一个细分领域,要垂直和专注,而不要面对一个泛泛的群体去做内容。不垂直等于不专注,你越想去迎合所有的用户,做各种各样的内容,后面就越会发现,所有的用户都不喜欢你甚至抛弃你。

例如,"多余和毛毛姐"这个账号的内容就很垂直,坚持创作与生活息息相关的轻喜剧,在人设方面也很有记忆点,一口贵州话和红发女装的毛毛姐,演绎着生活百态,给人留下了深刻的印象,如图3-8所示。

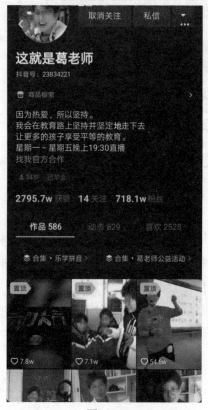

图 3-7

图 3-8

如果一个账号今天发搞笑段子,明天发美食教程,后天发健身感悟,那么这个账号的标签就会很乱,平台推荐的人群也不会精准,渐渐地,账号就会越做越差,再也没有运营的价值。例如,这个点赞29.7万、评论1.3万、转发4540次的热门视频,其内容是巴厘岛网红秋千,但是通过这个视频进入账号主页,会发现内容混乱,有关于小孩子的,有关于自拍的,看到这样的内容,你会点击关注吗?所以,尽管该账号总共有30万的点赞量,但几乎全是来自于巴厘岛网红秋千这条视频,如果想再接再厉,获得更好的播放量、更多的粉丝,应当将之前乱七八糟的内容全部隐藏,继续发布关于网红秋千或者旅行见闻方面的内容,如图3-9所示。

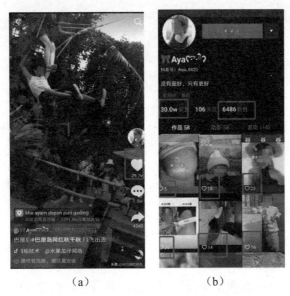

（a）　　　　　　（b）

图　3-9

3. 对标竞品账号

对标就是找到同类目的一个标杆账号，由于我们是新手，在运营初期并不知道什么样才是好的，没有一个好的标准，所以我们在对标的过程中，从各个方面与标杆账号进行比较、分析、判断，通过学习它们的优秀经验来改善自身的不足，以达到赶超的目的。像大家熟知的苏州大禹网络科技有限公司的"一禅小和尚"就是对标的日本动漫人物"一休"。不同的是，"一禅小和尚"进行了创新，定位成了暖萌的小和尚形象，并且采用了 3D 动画技术，让这个形象更拟人化，已经成功打造成了最大的动漫 IP 之一，如图 3-10 所示。

（a）　　　　　　　　（b）

图　3-10

4. 打造内容差异化

在互联网高速发展的今天，产品同质化越来越严重，企业若想从竞争中胜出，其价值的差异化则是关键。例如，可口可乐和百事可乐，无论是口味、官方声明、包装，都存在非常明显的差异，不会让大众混淆，从而拥有了自己的粉丝群体，如图 3-11 所示。

作为视频创作者，我们也需要对自己内容进行差异化塑造，做到"人无我有，人有我奇（优）"。

（a）　　　　　　（b）

图　3-11

差异化塑造需要注意：既能让平台认识到你的差异化，也要让粉丝认识到你的差异化。

比如跳舞类的视频，虽然"跳舞"可以称作一种定位，但这种定位只能让平台认识到你的差异化，却无法让受众认识到你的差异化。因为抖音里跳舞的太多了，每10个视频里，基本上就有一个人在跳舞。但假如我们让一群小朋友跳广场舞，或让一群老年人跳野狼disco，这就能让粉丝受众认识到我们的差异化。

经验分享

1. 有这样一类账号：某一条视频有上百万的点赞量，但是粉丝数才两三万甚至更少，这种粉赞比（粉丝数／点赞量）低于10%的账号，基本就是因为定位不清晰。

2. 一个账号只专注一个领域，一个账号只定位一类人群。

同步训练

知识训练 ≫

1. 打造短视频，第一步是（　　　）。[单选]

A. 定位精准人群　　　　　　　　　　　B. 拍视频

C. 拉粉丝　　　　　　　　　　　　　　D. 跟明星合作

2. 下列选项中属于做垂直内容的方法有（　　　）。[多选]

A. 一个领域深度挖掘

B. 什么内容都做，尽量符合所有人的喜好

C. 一个账号只做一个领域

D. 每天转发别人的视频

3. 定位精准人群的作用包含（　　　　）。[多选]

A. 明确第一印象，体现自身专业　　　　B. 吸引精准粉丝，打好变现基础

C. 迎合平台喜好　　　　　　　　　　　D. 获得流量扶持

4. 为什么要打造差异化内容？

5. 什么是对标竞品账号？

6. 如何理解定位时"选择比努力更重要"这句话？

技能训练 ≫

"定位精准人群"技能训练表，见表 3-2。

表　3-2

学生姓名		学　　号		所属班级	
课程名称			实训地点		
实训项目名称			实训时间		
实训目的： 学会定位精准人群。					
实训要求： 1. 登录抖音，找两个自己感兴趣领域的账号。 2. 分别列出两个账号最新发布的 3 条视频的内容。 3. 分析这两个账号精准的目标人群。 4. 结合两个视频的内容，分析并指出两个账号各自的特点。					
实训过程截图：					
实训体会与总结：					
成绩评定（百分制）			指导老师签名		

扫一扫下列二维码，下载实训表格。

任务 3-2　规划优质内容 ▶

在公司经理的帮助下，小李理解了为什么要定位以及如何进行定位，但要在抖音平台上有所作为，顺利通过公司的考验，还需要学会规划优质内容，知道什么样的内容是优质内容，以及如何规划优质内容，只有了解了这些才能进一步探索短视频的奥秘。

任务目标

知识目标：

1. 了解垂直内容与优质内容的关系。

2. 了解优质内容的标准。

技能目标：

1. 能够识别什么是优质内容。

2. 能够规划优质内容。

思政目标：

1. 在分析优质内容的特点时，培养全面分析的意识与能力。

2. 学会发现美、欣赏美、创造美。

建议学时

4 学时。

操作步骤

步骤1 在小红书 APP 中搜索账号"哈喽宅小音"，选择"视频"一栏，如图 3-12 所示。

图 3-12

步骤2 观看点赞量比较高的视频，选择其中一条进行深入分析。

步骤3 分析该条视频的选题、剧本、人物表现力、画质、音乐的优点和不足，填入表3-3。

表 3-3

	好	好的原因	不好	不好的原因	改进建议
选题					
剧本					
人物表现力					
画质					
音乐					

一、优质内容与垂直内容

短视频的未来趋势和行业走向，会越来越垂直化。我们的内容需要越来越垂直，渠道也是一样。从一定程度上说，垂直化的内容就是优质内容。不论是平台还是用户，都更喜欢垂直化的内容账号，也就是说短视频创作团队垂直地生产内容，能更加凸显自己的特点，增加辨识度，让用户更容易记住自己。

二、优质内容的特点

1. 选题的稀缺性

选题比较成功的"钞票白"是一个体验类测评账号，具有娱乐性。三个月时间制作的 40 多个视频获赞 451.8 万，涨粉 108.5 万。标题网感十足，"上过太空的棉花糖怎么样""英国皇室喝的饮料""268 种可乐你喝过几种""1700 年前的口香糖是什么味道""吃土是一种什么体验"，他的每个标题都营造了一个悬念，选题新颖，十分吸引人，如图 3-13 所示。

2. 剧本的可看性

短视频的世界不是现实世界，是人们理想中的世界。所以在做内容时一定要满足人的某个心理需求。跌宕起伏的故事非常容易打动人心，视频的剧本写得好不好，在一定程度上决定了视频的浏览量、浏览时间、点赞量等。

以"七舅脑爷"独特暖男小奶狗的形象为例，他让无数小女孩沉迷其中，他的视频内容就是垂直领域输出，即情感类（主打暖男形象），每一集都是一个故事，每个故事都体现了这个暖男的形象，剧本的可看性十足，满足了大家对于爱情的幻想，如图 3-14 所示。

图 3-13

图 3-14

3. 人物的表现力

在拍摄短视频时，如果选择真人出镜，那么在创造人物形象时应该是既有真挚、深切、细腻的内心体验，又有准确、鲜明、生动的外部体现。人物丰富的内心体验，往往都要通过演员所念台词的音色、语调、语气等方面的变化才能够显示出来。眼神、手势、步态，这 3 个方面最能反映出人物的外部性格特征。短视频创作者很大一部分都不是演员出身，如何将自己的内心情感与外部体现结合起来，塑造出不同的人物形象则显得尤为重要。能否体现自身的表现力是塑造人物成功与否的关键。人物表现力比较成功的就是 papi 酱，每一个嫌弃、厌恶、伤心、开心的表情都十分有代入感，一个眼神、一声叹息，都能带动着观看者的心情，如图 3-15 所示。

　（a）　　　　　　（b）　　　　　　（c）　　　　　　（d）

图　3-15

4. 超高清的画质

随着人们生活水平的提高与科学技术的发展，短视频数量呈现几何倍数增长，观看者的可选择性日益增多，对视频品质的要求也不断提升，这种要求不仅体现在视频内容上，还体现在视频画质上。模糊不清的画面已经不能吸引观看者停留，观看者也更偏好画面清晰、画质高的视频，如图 3-16 所示。

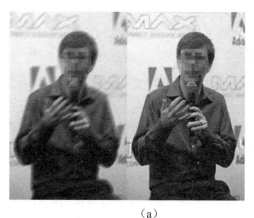 

　　　　　（a）　　　　　　　　　　　　　　（b）

图　3-16

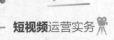

三、规划优质内容

1. 规划内容，确定选题

短视频内容大致可以分为 5 类。

（1）技能型内容。俗话说："技多不压身。"多一样技能，少一样危险。比如做美食、化妆、魔术、瘦身等，这种能够对用户带来实际帮助的内容一般都能得到用户的肯定。例如"美妆师咕咚"就是技能型内容的发布者，她的抖音视频就是分享专业的美妆知识和小技巧，如图 3-17 所示。

图 3-17

（2）心理型内容。这里的心理型内容偏重于"情感共鸣"。从大家面临的问题角度出发，讲解一些道理，最重要的是能说到用户的心坎上去，以情动人，让用户产生共情心理。例如"空城情感"的视频就是围绕男女之间的情感问题，从心理层面触动观看者，进而引发共鸣，如图 3-18 所示。

这类内容有个特点，就是"逆向思考"。假如你讲的内容，是大众都懂的，那就没什么吸引力了。所以，反向思考内容，然后给出合理的解释。例如在舆论一片说女人不容易时，你可以从男人的辛酸泪入手。

（3）赚钱型内容。这个类型的内容永远不会过时。在任何时候谈赚钱型的内容，都是最佳的选择。

假设你想从这个领域入手，那就以电商、创业、融资、股票、门店、营销、销售、文案、微商等某一门作为主讲内容。例如，依靠分享电商经验和发展趋势的"跟蒋晖学电商"

的视频就是属于赚钱型内容，如图 3-19 所示。

图　3-18

图　3-19

（4）颜值型内容。自古以来爱美之心，人皆有之，如果既有颜值，还有些才华，那就更加引人注目了。在抖音比较火的男女网红，像彭十六、戴雨桐、M 哥等，他们共同的特点就是颜值非常高，如图 3-20 所示。

（a）

（b）

（c）

图　3-20

（5）搞笑型内容。搞笑型内容目前在抖音应该是最受欢迎的，哪怕是在生活中，谁不想自己开开心心的呢。并且利用闲暇时间刷抖音，不就是为了获取一些轻松和快乐。

搞笑型内容包括讲笑话、搞恶作剧、"冒傻气"以及一些"势利眼"类的视频，只要能让用户开心，自然就可以得到他们的喜欢。"天天笑园"的内容主要是比较搞笑的与校园生活有关的内容，深受学生党喜爱，如图 3-21 所示。

（a）　　　　　　　　　　（b）

图　3-21

在了解了短视频的内容分类后，我们需要根据核心粉丝的特点去制作直击用户内心的、对用户有价值的内容。为什么有很多人的视频能一夜爆红，获得成百上千万的播放量，但后续内容没能有什么突破，热度慢慢地又降下去了？那是因为这些账号脱离了内容最核心的本质——内容要有价值。

比如说主题为一个 PPT 技巧的账号，主要的受众群体是对 PPT 感兴趣或日常需要运用 PPT 的小白。那么视频就需要尽可能能在短时间内讲清楚 PPT 知识点，并且做到简单易懂、清晰明了，这样才能让粉丝有动力去实践和反馈。在创作时我们要明白：不是每个 PPT 的知识点都适合做视频，我们要选择那些能马上激发兴趣，或者能马上提升大家工作效率的知识点。

再比如搞笑段子，在几十秒内不落俗套地讲清故事、铺垫转折、卡好音乐节点，就是制作优质抖音视频内容的基础。

2. 开头结尾，跌宕起伏

开头要引人入胜，让用户有所期待，如设置悬念，像"名侦探小宇"经常用急促的敲门、敲桌子、神秘来电等，满足用户视听觉感官刺激来设置吸睛点，这是保证用户停留时长的关键点，如图 3-22 所示。

（a）　　　　　　　　　　　（b）

图　3-22

中间叙述或剧情重现要层层递进，讲究跌宕起伏，甚至多层反转。如果内容呈现特别平淡，用户就很容易划走。度的把握很重要，要起伏，又要快，还得有看点。结尾可以设置话题或者悬念。例如，"诡秘江湖"在视频结尾的时候都是以疑问结尾，下一个视频公布答案，能激发受众的好奇心，促使人去看下一个视频，如图 3-23 所示。

（a）　　　　　　　　　　　（b）

图　3-23

3. 紧跟时代，推陈出新

抖音的高传播性和低成本决定了它对于创意的高要求。我们经常看到，一夜爆红的原创创意视频隔天立刻就会有用户模仿，抱着自己的原创视频坐等圈粉显然并不科学，这就要求主播在自己擅长的领域保持源源不断的创造性。对于内容的把握，要不断地推陈出新，只有好的创意才能不断地提升用户的兴趣，也能够提升自己塑造内容的热情。时代在不断地进步，信息流也在不断地革新，如果不能紧跟时代的步伐，被用户所抛弃只是时间问题。

4. 时长分配，建议"3，7"

账号初期的视频时长，尽量保持在 15 秒左右。有一句关于时长的口诀：前 3 秒定生死，第 7 秒有转折。前 3 秒有一个很大的冲突或反转，第 7 秒时再紧跟一个转折，这样 15 秒的时长很快就能度过，提高完播率。

5. 善用剪辑与抖音特效

抖音从开始便是以酷炫、年轻态的音乐和特效吸引来它的第一批粉丝的，整体风格比快手和同期的短视频软件更符合年轻人的爱好。善用抖音提供的特效，配以合适的音乐剪辑、转场、场景，可以制作出令人过目不忘的效果，让人记忆深刻。

例如，善于使用特效技术的"黑脸 V"就是这样一个例子。神秘的身份加上各种酷炫的特效，成为了他的专属标签，也成为了吸引用户的重要特色，如图 3-24 所示。

如果说内容好是雕刻龙身，那么运用好音乐就是点睛，会让你的视频直接提升一个档次。同一个视频加入不同的音乐所产生的效果截然不同，如下面两个视频，用的都是同样的素材，但是第一次配了一首英文歌，第二次发的时候换了与"海鸥"相关的一首老歌，结果竟然大不相同，如图 3-25 和图 3-26 所示。

（a） （b）

图 3-24

图 3-25

图 3-26

1. 在分析优质视频时，一定要综合分析，不仅要分析选题，还要考虑剧本怎么样、音乐配合的效果如何等，优质视频一定具有各个方面都比较突出的内容。

2. 不管是特效的制作还是配乐的选择，一定要契合产品属性，将各种节点与转折进行对应，很多时候能达到事半功倍的效果。

3. 不管什么类型的达人，都需要良好的语言沟通能力，能够把自己想要表现的内容清晰地传达给用户，能够将视频内容讲述得充满趣味性，提升用户的兴趣，将用户带入视频的情景当中，引起用户的共鸣。

知识训练 >>

1. 在一定程度上，优质内容就是（　　　）。[单选]

A. 搞笑型内容　　　　B. 技能型内容　　　　C. 赚钱型内容　　　　D. 垂直内容

2. 优质内容的特点是（　　）。[多选]

A. 选题的稀缺性　　B. 剧本的可看性　　C. 人物的强表现力　　D. 超高清的画质

3. 在规划优质内容时，需要考虑哪些因素？

4. 各种炫目特技在短视频中起到的作用是什么？

5. 如何判断一个短视频剧本的好坏？

6. 小明是一个学生党，性格活泼，平时特别爱看关于校园生活的搞笑剧情类视频，你能为他规划拍摄内容吗？

技能训练 >>

"规划优质内容"技能训练表，见表3-4。

表　3-4

学生姓名		学　号		所属班级	
课程名称			实训地点		
实训项目名称			实训时间		
实训目的： 掌握优质内容的特点，学会如何打造优质内容。					

（续表）

实训要求：
1.根据自己喜欢的领域，在抖音里查找一个粉丝数量超过3000万的账号，并加为好友。 2.查找并观看这个账号中点赞最多的视频。 3.分析该视频的选题、剧本、人物表现力、画质和时长分配。 4.总结该视频的优缺点，并给出优化建议。

实训过程截图：	
实训体会与总结：	
成绩评定（百分制）	指导老师签名

扫一扫下列二维码，下载实训表格。

任务 3-3　建设爆款选题库

　　小李入职快一个月了，已经熟悉了抖音等短视频平台，并设置好了抖音账号，进行了账号定位和前期的内容规划。经理让他按照规划创作并发布短视频，在发布了十几个短视频之后，小李开始觉得吃力了，"下个视频拍什么"成了每天困扰他的问题。经理建议他先建一个爆款选题库，多收集一些优质的选题，在此基础上再规划自己的选题，也许就会有更多的灵感了。

任务目标

知识目标：

1.了解什么是"网感"。

2. 了解建设爆款选题库的工具。

技能目标:

1. 能熟练操作建设选题库的工具。

2. 能够训练出网感。

思政目标:

1. 树立互联网大数据分析的思维。

2. 培养未雨绸缪的长远眼光与大局意识。

4 学时。

步骤1 通过链接 https://shimo.im/welcome,进入石墨文档首页,如图 3-27 所示。

图　3-27

步骤2 单击"登录"按钮,输入账号和密码,如图 3-28 所示。

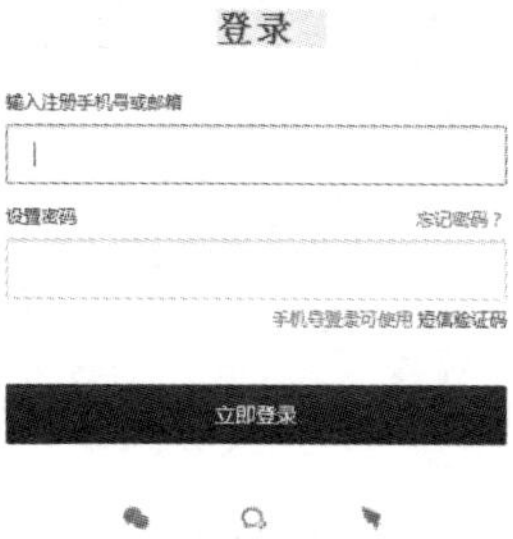

图　3-28

步骤3 登录后的页面如下图所示，点击"新建"-"表格"按钮，新建表格，如图 3-29 所示。

图 3-29

步骤4 新建表格后，在左上方红色框处，修改表格文件名为"爆款选题库"，如图 3-30 所示。

图 3-30

步骤5 在新建的"爆款选题库"表格中，分别输入序号、姓名（团队合作时，收集的人员信息一目了然）、平台（文章、视频等的来源）、日期、标题收集、粘贴爆文链接（文章、视频等的链接）、描述爆文亮点、粉丝神评论，如图 3-31 所示。

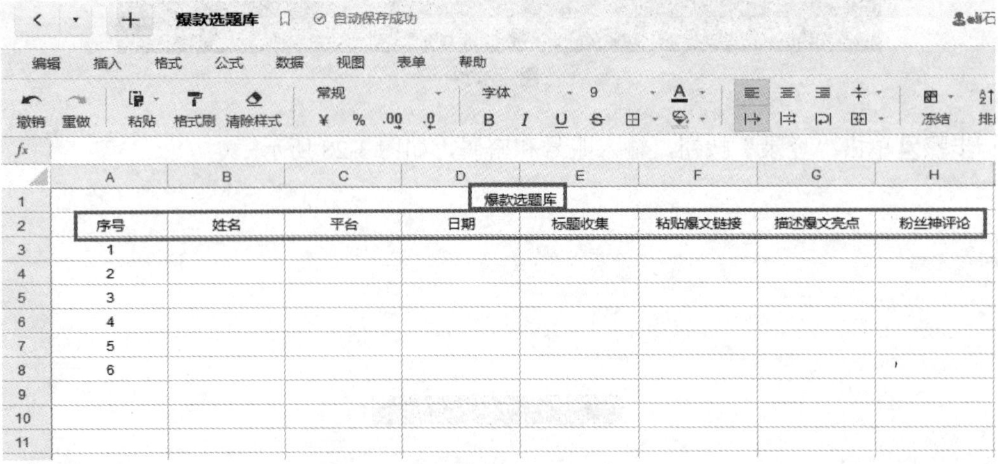

图 3-31

一、建设爆款选题库的意义与常用工具

"短视频今天发什么？"

很多人都是当天找选题、找素材、写文章、配图和排版，每天的工作都是"速度与激情"。这就是缺乏章法的表现。如果我们想持续输出优质内容，那么一定要建立一个选题库，平时看到各种好的选题，就直接收集进去。选题库每周末整理一次，建立一个标准的工作流程，这样效率就会高很多，不会再出现"今天到底发什么"的绝望。

选题库建设可以运用微信收藏夹、微信笔记、手机备忘录、锤子便签、有道云笔记、印象笔记、OneNote、金山文档、石墨笔记等。

二、"网感"

在新媒体的创作中，"网感"是一种基本素质，我们在一些新媒体相关的工作招聘要求中，都会看到这样一些描述："具备一定的网感""网感好""网络感强"等，如图3-32所示。

```
任职资格：
1.至少有一年新媒体运营经验；
2.网络感强，对传播点有敏锐判断力；
3.文字能力佳，图片感觉强；
```

图 3-32

（资料来源：智联招聘）

那么"网感"究竟是什么呢？要怎么去提升呢？

"网感"其实是基于网络的一种感觉，具体是指能快速感知到目前的网络热词、热梗、热门音乐等流行的元素，然后能把这些元素和自身内容结合起来的能力。

"网感"取决于你对网络的关注度，你是否能及时关注到网络的流行元素和趋势，以及你是否能结合这些元素来塑造你的内容，让受众感知到这些流行元素。例如，现在流行"857"，你是否能借"857"发挥；现在流行潜水艇游戏，你是否能将潜水艇与自身内容结合。

培养"网感"别无他法，唯有花大量的时间在网络的各个社区，真正地沉浸进去，参与互动，久而久之，自然就能培养出一定的网感。"网感"培养的时间因人而异，不过只

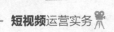

要是热爱生活的小伙伴，相信最终都能有所体悟。

三、爆款选题库建设的技巧

1. 日常积累很重要

我们常说"台上三分钟，台下十年功"，大部分时候，一个天才般的创意不是某一刻的灵光突现，而是日积月累带来的创意无限。每一个优秀的短视频内容创作者都有日常积累的习惯，不管是身边的人、事、物，还是每天接收到的外界其他信息，他们都会将有价值的选题整理到自己的选题库。这是一个积累的过程，也是一个训练的过程。

如果你是做原创实拍类的作品，如拍风景，那么你平时就应该在你旅游的时候去拍一些高清的摄影素材，特别是你看到一些很奇特的景色或者十分漂亮的景色，比如你在九寨沟玩，你觉得五色湖非常的美，那么你就该拍下来以待存到素材库里备用。

例如，你是一个情感播主，某一天在一个咖啡馆，看到一对情侣吵架或者秀恩爱的场景，某一个点触动了你的心弦，你把这个点储存在你的选题库里，等到某一天遇到合适的契机，它或许就能被拿出来大放光彩。

在日常生活或者工作当中，要随时保持敏感的选题感应能力。看到的电影中的桥段、听到的音乐、段子，生活中引发共鸣的情景等，只要觉得有意思就马上记录下来。记录不能是单纯地收藏或者抄写，更要记录当时的想法，为什么会认为该内容值得记录，是素材中的哪一点使你产生共鸣。这种共鸣往往是一闪而过的灵感，如果当时没有记录，日后查阅时可能无法再回忆起来。

2. 分析总结竞争对手的爆款选题

独孤求败为什么孤独？因为没有对手！竞争对手往往能激发我们更好、更快地往前走。所以，研究竞争对手的爆款选题也是帮助我们获取灵感、拓宽思路的方法。研究竞争对手的爆款选题，能够拓宽我们的选题范围。搜集对手的选题，然后分析、整合，日积月累，也是一个可观的素材库。

同时对于短视频从业者来说，日常有计划地刷抖音也是必不可少的积累手段。与常人往往只关注自己感兴趣的话题不同，从业人员不能将观看范围限制在自己感兴趣的话题上。除了关注与自己所持有的 IP 类似的主题以外，还要多从不同类型的作品中去学习经验，才能够融会贯通。在策划时也许通过一次不同领域的"嫁接"就能呈现出耳目一新的效果。有计划地刷抖音，将有创意的内容保存下来，是最直接的素材获取方式。另外，在观摩同行作品时，不要仅凭数据来判断一个作品是否有价值，一些暂时没有获得过多关注的作品，往往也存在它们独特的闪光点。这些闪光点或许因为与之搭配的其他部分不够出彩而没有得到很好的曝光，但经过专业人士的借鉴和重组，就能焕发出绚烂的光彩。

在分析同行作品时，要养成逆向推导的习惯，思考同行在创作优秀内容时经历了怎样的策划过程。这种逆向推导非常有利于策划能力的提升。我们从积累的素材当中挖掘的段子、动作、音乐等都只是皮毛。只会运用皮毛进行创作始终是东施效颦，而逆向推导能够帮助我们解剖出同行在策划优秀素材时的思考方式，这才是能够长期提升自己策划能力的关键所在。例如，"熊猫侠"将生活日常、热门音乐段子、热门影视剧桥段收集起来进行推理分析，结合自己的人设进行二次创作，令人耳目一新。

3. 从用户言论中提炼爆款选题

"未来，在市场竞争、技术变革和企业利益的驱动之下，生产者与消费者之间的界限将会逐渐模糊，甚至融为一体。传统意义上的消费者将更多地参与到产品开发和设计环节中。他们就是所谓的'生产型消费者'。"美国学者阿尔文·托夫勒这么认为。

其核心观点在于，我们可以利于"群体智慧"丰富自己的知识体系。增强与用户之间的互动，并合理采纳有效建议，这也是丰富自己的过程。以情感领域来说，很多故事并不是作者亲历，而是来源于读者的转述、提问或者建议。对短视频内容创作者来说，一方面我们可以通过网站数据来分析自己和竞争对手的数据，筛选用户有价值的评论和建议，甚至是提问，纳入选题库；另一方面则可以借助搜索引擎强大的信息检索功能，通过关键词查找并提取用户在网络上留下的观点、提问等有效信息，纳入选题库。

1. 经过一段时间的积累，自己的选题库中往往会堆积起五花八门的素材，等到使用的时候根本无从下手。定期对选题库中的素材进行分类整理非常重要，每周至少对已有素材进行一次分类整理。

2. 添加不同的标签，如段子创意、舞蹈动作、拍摄方式、穿搭造型等。这一过程不但能为以后快速检索创造极大的便利，还能够使自己定期理清创作思路，加深对各个素材的印象，使自己在策划时能够快速地激发灵感。

知识训练 >>

1. "网感"是（　　）。[单选]

A. 自己的感觉　　　　　　　　　　B. 网友的感觉

C. 对人性的洞察　　　　　　　　　D. 猜测

2. 下列属于建设选题库的原因是（　　）。[多选]

A. 为了持续输出优质内容 　　　　　B. 为了方便整理灵感

C. 为了理清创作思路 　　　　　　　D. 为了打造爆款

3. 建设选题库可以运用的工具有（　　　）。[多选]

A. 石墨笔记 　　　　B. 锤子便签 　　　　C. 印象笔记 　　　　D. 有道云笔记

4. 为什么要训练网感？

5. 建设选题库时，搜集粉丝的想法有什么作用？

6. 查看竞争对手视频的目的是什么？

技能训练 ≫

"建设爆款选题库"技能训练表，见表 3-5。

表　3-5

学生姓名		学　　号		所属班级	
课程名称			实训地点		
实训项目名称			实训时间		
实训目的： 运用石墨文档搜集选题，建立爆款选题库。					
实训要求： 1. 打开石墨文档，并登录。 2. 运用所选择的工具建立爆款选题库，每天收集一个优质视频的信息。					
实训过程截图：					
实训体会与总结：					
成绩评定（百分制）			指导老师签名		

扫一扫下列二维码，下载实训表格。

任务 3-4 策划创意选题 ▶

现在的小李已经入职 3 个月了，也发了很多关于美食、美妆的视频，可是现在的他有点迷茫，他发布的视频总是处于不温不火的状态，点赞与转发也不算少，可并不算火爆。同一个公司的前辈建议他策划一些有创意的视频，先去了解一下什么样的视频比较火，比较火的视频之间有没有关系，和他一样做美食、美妆的火爆视频的选题是什么。

任务目标

知识目标：

1. 了解目前比较火的选题。

2. 了解创意选题的核心是什么。

技能目标：

1. 掌握策划创意选题的方法。

2. 能够策划出创意选题。

思政目标：

1. 在分析火爆视频背后蕴藏的人性时，学会透过现象看到本质。

2. 在模仿别人的视频时，掌握好分寸，不为一时的火爆乱了长久的计划。

建议学时

4 学时。

操作步骤

步骤1 以一人分饰多角的搞笑剧情类视频为例，选取"雷九九"为对标账号，分析其选题特点，如图 3-33 所示。

图 3-33

步骤2 查看该账号点赞比较多的 5 条视频，记录其数据，填入表 3-6 中。

表 3-6

序号	视频标题	点赞数	评论数	评论中反复出现的关键词	你能想到的创新点
1					
2					
3					
4					
5					

步骤3 分析该账号的选题特点。

步骤4 结合该账号的选题特点和自己的创新点，为该账号策划 3 条新选题，并把相关的选题信息填入表 3-7。

表 3-7

序号	选题描述	创作灵感来源	视频标题
1			
2			
3			

一、"易燃易爆"选题

关于策划创意选题，我们首先需要思考清楚的是：为什么要策划创意选题？

用户刷到你的视频，如果不关注，下次就不一定能再刷到了。吸引粉丝，获取粉丝关注，这就是创意选题的作用。

为了让用户关注你，就要求你的内容一定要足够打动用户，并且你往期的内容也要足够的优质。因为在一般情况下，用户觉得你的内容选题很有趣，想要看到更多，肯定就会点进你的主页看你其他的视频，如果精彩程度符合他的预期，用户就会非常期待你下一次的更新，反之，则让用户感觉你下一次的内容不一定精彩，降低关注的概率。

总体而言，目前"易燃易爆"的短视频主要分为以下三类：

第一类，能引起用户情绪变化或者共鸣的内容。

能够引起用户情绪变化的内容是比较容易获得关注的，如搞笑、悲伤、愤怒的内容。以搞笑视频为例，如果你没有段子创造能力，借鉴一些小众点的段子也是可以的，这也是前期比较推荐的一种形式。比如一些时事热点账号，通过一些新颖的或者冲突的观点，引起人们的正面的或者负面的情绪，创造比较多的讨论和传播。

这里需要注意的是，人们不会刻意去寻找负能量，积极、乐观、向上的正能量内容才是大家乐意看到的。所以，无论从什么角度来创造，正面的情绪渲染都是最为推荐的。

第二类，具有娱乐消遣属性的内容。

娱乐性内容本身就具备消遣价值。但是娱乐消遣类的内容一般生产门槛会相对偏高。特殊的才艺展示（如 B 站账号"燃烧的陀螺仪"，将生活中常见的穿衣、打扫等场景用熟练的运镜技巧表达出来，独具风格，如图 3-34 所示）、内容的二次加工（如一些电影点评内容，能够高度提炼情节并加入分析）、剧情的反转演绎等，都属于此例。如果你有生产具有消遣价值内容的条件，选择这条路是最有优势的。

第三类，部分剑走偏锋的猎奇内容。

猎奇内容往往也会在一段时间内获得大量的关注和传播，例如，一些土味的视频、魔性的口号（如"来了老弟"）、猎奇的炫富等等，它们要么不火，要么是全民性质的爆火。猎奇内容的关键点在于前所未见，缺点是这个热度不会维持很长时间。所以，猎奇这种形态，推荐配合既有的内容，不定期的做一些尝试。也许踩中了一个点就可以快速帮你拔高

图 3-34

用户量级，但是让用户留下来持续关注你的关键，还是基于你内容的价值。

虽然说比较火的内容分为三类，但是它们有一个共通的关键点，即无论什么样式的内容，都是基于人性的分析，都是根据人们的"痛点""爽点""痒点"来策划的。

例如，人性的贪婪，大多数人都爱占便宜，特别是对免费的东西趋之若鹜。所以有人就利用这一点，把关于贪婪的元素放进视频里，抛出疑问和观点，引发人们的热议。例如，

商场在做活动时免费发放一些鸡蛋和大米，大爷大妈们为了抢占先机"各显神通"，有些视频还将社会上大爷大妈们争抢促销商品的状态与公交车上大爷大妈掌掴让座慢的女孩的视频放在一起，极具讽刺性的同时，人性的弱点与人们心中的痛点也刺激着每一个观看者，让人深思、气愤或是同情。

如图3-35所示，"励志先生"营造了这样一个故事：一位老奶奶买了一包饼干，在公交椅上等车，却看见一个小伙子在吃她的饼干，她很生气地跟小伙子抢了最后一块饼干，但是在她上车后才发现自己的饼干在包里，她一直吃着别人的饼干，小伙子却并未责备她。通过这样一个故事，宣扬"人之初，性本善"，特别是在这个越来越自我的社会，这个小故事显得那么温暖、动人。

有的账号在选题的时候，会策划"懒人减肥法""懒人听书"和"懒人美食"的内容，这是基于人性懒惰的一面，将其抛出和放大。正所谓"胡吃海喝一时爽，事后减肥火葬场"，我们都知道减肥的过程是痛苦的，有"管不住嘴又迈不开腿的"，也有既想吃还想瘦的。这些短视频制作者正是利用懒惰这一心理，做起了饮食减肥的账号，"一边吃一边减肥"。如图3-36所示，"小北饮食减肥记"的视频就是一些减脂餐的做法，如减脂便当、减脂饼干、减脂汤等。可以说是既迎合了目前的健康饮食潮流，又满足了人的惰性。

图 3-35

图 3-36

二、策划创意选题的方法

如果你缺乏创意思维，可以先从下面几个方法开始，通过不断地实践与试错，思维就会越来越发散，创意点子也会越来越多。

1. 搬运法

视频的来源有很多，如国外很有影响力的视频网站（如 YouTube）、微信公众号、QQ、朋友圈、电影、电视剧、名人访谈等。有些人从公众号里非常火爆的文章中汲取灵感，做成视频放到抖音或者火山等平台上。还有一些人从当红的电影或电视剧中，选择一些非常甜或非常虐的视频片段，进行二次创意加工。例如，电子商务领域非常火的马云，他的演讲深得人心，所以很多人会找马云的演讲视频，配上文字和音乐，再次翻新。

搬运的优点是简单易行，在平台初期监管不严的时候可以迅速吸粉，正因为如此，相当多的一部分账号开始做抖音的时候就是搬运。搬运对于短期投机是可以的，但如果想长期运营或者打造品牌，这无疑会成为今后发展的污点和阻碍，所以建议在取得原作者授权的情况下，注明搬运标签，再上传平台。而且随着平台监管的加强，搬运类会越来越难做。

2. 模仿法

随机模仿：什么视频火，就照着样子自己拍一个。这个只是单纯模仿，一般而言，某一类视频火爆了，很多人争相模仿，除专业做抖音的用户之外，普通用户基本占到 50%。

系统模仿：根据我们对标的账号，分析它的经典片段和"套路"。这个对标的账号不一定是抖音里面的，可以是任何地方的，像"野食小哥"对标"Villge food factory"，"铁锅炖兄弟"对标"王刚"，"越南李子柒"对标"李子柒"，这类账号除了可以吸收对标账号的成功经验外，还可以获得部分对标账号粉丝的关注，可以说是站在巨人的肩膀上快速成长。不过需要注意的是，模仿不是抄袭，一定要总结出自己的创新路线。

模仿的优点是可以很快地融入抖音、快手等平台，获得更多的创意，慢慢形成自己的主题风格。多去进行系统模仿，随机模仿主要是普通用户拍着玩的。

3. 代入法

品牌商做抖音，包括有人说风景区做抖音（如网红桥）、汽车 4S 店做抖音和房产中介做抖音，这一类不可能天天换演员、换外景、换剪辑，可是又需要拍摄新花样，这就需要代入法来进行创新了，如在地点不变的情况下，可以换一个时间点来拍，也可以在这里植入一些剧情故事，甚至在这里拍摄一些同款段子之类的，这些都可以起到创新的作用。

再比如客户看房这个主题，看房的流程不变，但是可以变化具体环节，如我们一般是带人去看房，那我们可以换成带宠物去看房，还可以换成盘点看房时那些尴尬事，又或者是奇葩房东、土豪房东之类的搞怪段子等，都能将观众带入到情景当中，进而引发一些讨论和笑料。

4. 场景扩展法

在明确目标用户后，围绕目标用户关注的话题，迅速找到更多内容方向的方法。

例如，围绕 10～18 岁的孩子，可以进行如下扩展，如图 3-37 所示。

再比如，围绕孩子和家长，扩展主要的一级场景，如图 3-38 所示。

父母	家教老师	学校老师
爷爷、奶奶、叔叔、阿姨等	10～18岁孩子	校长、主任
兄弟姐妹	别人家的孩子	同学

图 3-37

上学	吃饭	家庭
家教	孩子和家长的场景	做家务
出游	孩子买东西	家长购物

图 3-38

还有做家务，可以拓展出拖地对话、洗碗对话、洗衣服对话等。

场景扩展的大体思路是画出九宫格，即以目标为核心，列出 8 个与核心有关系的主题，再用这 8 个主题为九宫格核心，画出 8 个常见的、最好有冲突的沟通场景，基于 8×8=64 个场景，每个场景规划 3 段对话，这样视频的整体构架就显现出来了。

需要注意的是，每拍完一个视频，在发布之前最好自己先看一下，看是不是符合主题，是不是毫无瑕疵，是不是能引起观众的共鸣，然后再发布。如果一个视频，连你自己都没有点赞欲望，别人为什么要去看呢？现在各平台的内容同质化严重，用户的点赞阈值越来越高，没有真材实货的内容，账号真的很难做起来。

除了以上罗列的几点，有些时候一个视频火了，或多或少还是有运气的成分在里面。有的视频突然火了，连作者都感到莫名其妙，因为观众可能时隔多年，突然发现了其中的某个点，或者说结合当下时事，这个视频里的元素非常符合人们当下的形态，从而引发大规模的讨论、点赞和转发，类似于这种的，就是运气的成分了。

经验分享

1. "对标＋创新＋内化"可以说是策划创意选题的万能公式，分析竞争对手的视频，加入自己的元素和创新点，形成自己的特色。

2. 在分析竞争对手的视频时，不仅要关注选题，还要关注竞争对手选用的音乐以及展现手法，充分地吸收并内化才能有所创造。

同步训练

知识训练 ≫

1. 策划创意选题的方法有（　　　）。[多选]

A. 搬运法　　　　　　B. 模仿法　　　　　　C. 代入法　　　　　　D. 场景扩展法

2. 在策划创意选题时，下列做法中不正确的是（　　　　）。[多选]

A. 可以参考竞争对手的视频

B. 什么火就模仿什么，不再费力自己想了

C. 可以在热门视频和热门评论中找一些灵感

D. 找一些名人名言进行再次加工

3. 如果你想策划一些创意选题，可以从哪些渠道获取？（　　　　）[多选]

A. 微信公众号　　　　B. 国外的视频网站　　C. 电影和电视剧　　　　D. QQ

4. 为什么一定要策划创意选题？

5. 小王是一个美食播主，他最近遇到了瓶颈期，视频点赞和转发都不算火爆，他想改进，他应该怎么做呢？

6. 小李认为什么火就该模仿什么，不应该再费力地做原创，直接模仿就好，他的想法正确吗？说一说你的观点。

技能训练 >>

"策划创意选题"技能训练表，见表3-6。

表　3-6

学生姓名		学　　号		所属班级	
课程名称			实训地点		
实训项目名称			实训时间		
实训目的： 能够策划创意选题。					
实训要求： 1. 登录抖音，选择一个账号。 2. 查看该账号的视频，选取点赞数量最多的一个视频。 3. 记录该视频的标题，结合评论中出现的热词，分析该视频火爆的原因。 4. 从标题与评论中提取几个关键词。 5. 结合提取的关键词，加入自己的创新点，形成新选题。					
实训过程截图：					
实训体会与总结：					
成绩评定（百分制）			指导老师签名		

扫一扫下列二维码，下载实训表格。

4 项目4
短视频制作

近年来，逐渐升温的短视频已成为内容创业的最大风口，每天都有数千万条短视频上传。但随着短视频的普及，发展初期的流量红利正快速消失，短视频平台及平台用户对内容越来越挑剔，这种挑剔不仅表现在内容创意上，还体现在拍摄及后期制作方面。

项目提要

本项目通过介绍抖音带货短视频及淘宝主图视频的制作流程，帮助大家学习和训练短视频制作的相关技能，包括脚本如何编写、素材如何拍摄、后期如何剪辑，从而提升短视频成品的品质。

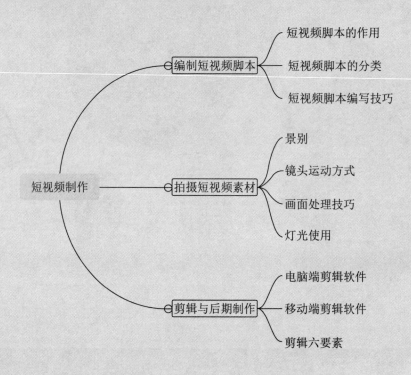

短视频制作

- 编制短视频脚本
  - 短视频脚本的作用
  - 短视频脚本的分类
  - 短视频脚本编写技巧
- 拍摄短视频素材
  - 景别
  - 镜头运动方式
  - 画面处理技巧
  - 灯光使用
- 剪辑与后期制作
  - 电脑端剪辑软件
  - 移动端剪辑软件
  - 剪辑六要素

引例

　　某淘宝店主阿武最近看到周围的淘宝店主们都开始给自家产品制作短视频，他不清楚短视频到底对线上有什么影响？但是听他们说销售量和转化率都有很好的提升，这让他很是心动。经过一番咨询后，朋友推荐他去抖音上面看看，并建议他根据自己的产品找到适合自己的短视频风格，可以先模仿别人的短视频，经过一段时间之后，慢慢地就能找到一些经验。

　　阿武经过一段时间抖音短视频账号运营之后，产品的销量和转化都有了极大的提高。同时，也有很多企业、自营供应商发来合作的需求，这让阿武认识到短视频在现阶段电商运营中的重要性。

建议学时

　　12 学时。

任务 4-1 编制短视频脚本

阿武在经营期间，发现自己的网店以往都是以图文方式来做宣传。现在，各大平台的短视频吸粉无数，为了提高销售额，阿武打算制作自家产品的短视频。可是，看着别人做的短视频有趣、好玩，自己应该怎样设计产品的视频内容呢？

知识目标：

1.了解商品展示类短视频脚本的编写方法。

2.了解商品展示类短视频脚本的编写要点。

技能目标：

1.能够掌握商品展示类短视频脚本的编写技巧。

2.能分析其他同类型的优秀短视频，总结编写逻辑，设计创新。

思政目标：

1.脚本应避免"三俗"，传递健康向上的内容。

2.对比同类视频，能做到客观分析、取长补短。

4 学时。

步骤1 观看同类产品的短视频，总结规律。

商品展示类的短视频内容展示上有以下几点规律：

（1）开场提出问题（困惑）。

（2）分析问题（困惑）的原因。

（3）解决问题（困惑）的办法。

（4）展示解决后的效果。

步骤2 分析产品，找出消费者的"痛点"。

分析产品的特点（卖点）并一一列出，这些将成为你设计的脚本中重要的内容。例如，马鞭草酮迷迭香闭口喷雾，它的特点有去油脂、去闭口和美肤。见表 4-1。

表 4-1

产品名称	产品特性	重点推荐
马鞭草酮迷迭香闭口喷雾	去油脂、去闭口、美肤	去闭口

步骤3 设计脚本，标题很重要。

（1）先根据这款产品的使用对象，以及使用场景，采用适当的方式引出产品，直击消费者"痛点"，如被男生壁咚，脸部闭口带来尴尬画面。这里可以设计 1～2 个镜头，以轻松、有趣、诙谐的方式展现消费者"痛点"，吸引粉丝的注意力和认同感。

（2）详细介绍产品特点，怎么解决上面的问题。这里可以设计 3 个左右镜头，将产品的特点从不同的角度或以不同的方式表达出来，激发粉丝的购买欲。

（3）总结或者提醒促销活动信息。可以设计 1～2 个镜头，将使用后的效果呈现出来，坚定粉丝购买的决心。

（4）设计一个简洁、有吸引力的标题。要让粉丝知道内容的主题，标题要有吸引力。可以用形容词强调，也可以用提问的方式，如超强去闭口粉刺神器。其中，"超强"和"神器"就是用来强调产品优势的词语。

步骤4 撰写脚本。

撰写脚本，将拍摄手法、画面信息、台词（口播）内容填入表 4-2。

表 4-2

制作脚本	1. 2. 3. 4. 5. 6. 7.

下面提供三个不同类型的产品脚本，供大家参考学习。

案例一：化妆品类，如图 4-1、表 4-3 所示。

（a） （b）

图 4-1

表 4-3

产品名称	马鞭草酮迷迭香闭口喷雾
零售价	99 元
淘宝销量	382462 件
场景 / 道具	走廊 / 室内一角 / 喷雾 / 沙发 / 白色桌子
时间	35 秒
标题	超强去闭口粉刺神器
参考脚本	1. 插入情节：（被男生壁咚，脸部闭口带来尴尬画面）。 2. 转场：脸上长闭口，可比痘痘烦人得多了。 3. 转镜 / 拉近镜头：刘海遮得了一世吗？ 4. 转镜 / 拉近镜头：长闭口的原因很多，但归根结底，都是因为皮肤水油不平衡，毛孔堵塞、角质堆积造成的。 5. 转镜 / 特效：所以精简你的护肤品，水乳留下，其他都丢掉，告诉你一个对付闭口的秘密武器。 6. 转镜 / 特效 / 试用产品：每天护肤时，将此闭口喷雾喷在化妆棉上，湿敷在有闭口的位置 5 ～ 8 分钟。 7. 转镜 / 效果：皮肤就会像光滑的鸡蛋一样（对比效果），点赞加评论，抽 5 位用户，闭口克星我送给你。

案例二：小家电类，如图 4-2、表 4-4 所示。

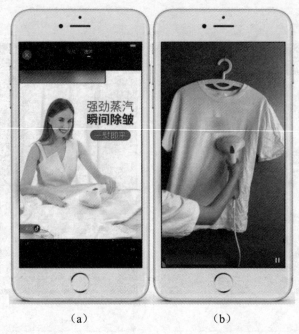

(a)   (b)

图　4-2

表　4-4

产品名称	家用小型熨烫机
零售价	89 元
淘宝销量	186069 件
场景 / 道具	室内一角 / 挂衣架 / 衣服 / 熨烫机
时间	50 秒
标题	再也不要穿皱巴巴的衣服出门啦
参考脚本	1. 开场 / 亮相产品：之前有粉丝让试试这个，××迷你手持挂烫机，其实很早就到货了，在看视频介绍的时候，就觉得很鸡肋，一直都没有试，嗯，今天试一下。 2. 转场 / 产品细节：它的体积确实很小，很轻便，最大的缺点可能就是装水量比较少。 3. 转场 / 启动设备 / 检查：打开之后（启动机器），喷雾量没有一般的立式挂烫机喷雾大，它就一个挡位，但喷雾的力度和热度，相当于立式挂烫机的中间档。 4. 转场 / 皱巴巴的衣服：我找了两件衬衫，一件西装外套，一件中长型的呢子大衣（挂在衣架上），先把衣服揉成一团，放在被子下，压半个小时之后再拿出来。 5. 运镜 / 拉近看水量：我发现这个储水量虽然小，但装完一次水，还可以烫完 3 件衣服，烫一件呢子大衣会消耗一大半的水，对于其他布料能很快烫平。 6. 转场 / 切换镜头特效：我现在觉得这个还真的蛮不错的，轻便而且不占地方，装一两次水，就足以应付一天的，比较适合经常搬家或者是住寝室的人，又或者是觉得立式烫挂机占地方的，都可以用这个。

案例三：小百货类，如图 4-3、表 4-5 所示。

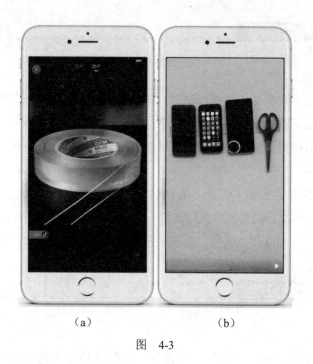

（a）　　　　　　　　（b）

图　4-3

表　4-5

产品名称	纳米双面胶
零售价	28.9 元 / 米
淘宝销量	694105 件
场景 / 道具	室内一角 / 洗手台 / 厨房 / 小物品 / 小电器
时间	18 秒
标题	万能双面胶，黏性非常好，居家必备
参考脚本	1. 开场 / 产品：介绍一款风靡全网的新版纳米双面胶。 2. 转场 / 试用：长期粘贴也不怕掉落，用多少就剪多少，把插排粘在桌子上，可以拖着桌子跑。 3. 转场 / 试用：日产用品都能粘住（粘在洗浴台的镜子上，粘牙刷 / 牙膏 / 洗手液）。 4. 转场 / 试用：手机粘在墙上，没问题（粘在墙面上，手机 / 遥控器等物品）。桌布和底垫会滑来滑去？用它一粘就搞定（粘住后摇晃）。 5. 转场 / 试用：而且撕下来不留痕迹！（镜子从墙面上撕下来），洗洗还可以继续使用呢！

对于视频创作团队来说，脚本是提高效率、保证主题、节省沟通成本的重要工具。创作脚本要先明确主题，再一步步细化，直至形成能保证视频顺利拍摄的详细脚本。

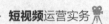
一、短视频脚本的作用

1. 提高拍摄效率

脚本其实就是短视频的拍摄提纲和框架。有了这个提纲和框架，就相当于给后续的拍摄、剪辑、道具准备等做了流程指导。就像写文章一样，读书的时候，老师都会建议写文章之前先列一个提纲，然后根据提纲去拓展创作。这样写起来思路更清晰，效率也更高。

2. 提高拍摄质量

虽然短视频大多都是在 30 秒左右，有的甚至不超过 15 秒，看似没几个镜头，但如果想要基础流量高、转化率高，就必须精雕细琢每一个视频里面出现的细节，如景别、场景布置、演员服化道具准备、台词设计、表情、后期配乐和音效等等，这些都是需要脚本来呈现的。

二、短视频脚本的分类

1. 提纲脚本

提纲脚本是最为简单的一类脚本，它常常以时间或地点为逻辑顺序，用简短的语言描述主要的拍摄内容，起到提示作用，适合 Vlog 这种包含一些不可预测情况的记录型视频，如图 4-4 所示。

```
时间脚本【范例】
Vlog主题：一个人参加大学同学婚礼
脚本：
1. 下午3点，在家里准备打扮一番，挑选衣服和洗头
2. 下午4点，准备出门打车，和司机唠嗑
3. 下午4点半，到达酒店，和同学打招呼，各种给红包和客套
4. 下午5点，拍摄现场婚礼布置，出镜解说同学爱情史
5. 下午6点，准备入座，等到嘉宾到来
6. 下午6点半，实拍同学结婚仪式现场
7. 晚上7点，开始吃饭，评点酒店餐标，各种美食展示
8. 晚上9点，婚礼结束，和同学告别
9. 晚上9点半，打车回家休息
地点脚本【范例】
Vlog主题：一个人周末去漳州无人海湾度假
脚本：
1. 厦门家中，准备煮饭吃早餐，准备泳衣和防晒物品
2. 社区便利店，购买饮料和零食，还有自助吹风机
3. 高速路途，拍摄沿途风光，和对目的地的期待
4. 中途休息站，购买当地的特产，品尝美食
5. 漳州海湾，实拍现场自然风光，出镜解说真实感受，下海
6. 海湾民宿，前往民宿办理入住登记，拍摄周边环境，吃晚饭，睡觉
```

图　4-4

2. 分镜头脚本

分镜头脚本是最为详细全面的一类脚本，用表格和文字的形式把所需画面的方方面面描述出来，通常包括画面内容、景别、摄法技巧、时间、机位、音效等，具体内容可以根据需要增加或减少。

分镜头脚本在一定程度上算是"可视化"影像，特别适合表现故事情节和精致的视觉效果，它能帮助制作团队最大程度地保留创作者的初衷，既是前期拍摄的脚本，又是后期制作的依据，还是时间长度和经费预算的参考，多用于剧情类视频及广告视频。参考短视

频《彩虹豆女孩的日常》的拍摄脚本，如图 4-5 所示。

镜头	摄法	时间	画面	解说	音乐	备注
1	采用全景，背景为昏暗的楼梯，机器不动	4 秒	两个女孩 A、B 忙碌了一天，拖着疲惫的身体爬楼梯	背景是傍晚昏暗的楼道，凸显主人公的疲惫	《有模有样》插曲	女孩侧面镜头，距镜头 5 米左右
2	采用中景，背景为昏暗的楼道，机器随着两个女孩的变化而变化	5 秒	两个人刚走到楼梯口就闻到了一股泡面的香味，飞快地跑回宿舍	昏暗的楼道与两人飞快的动作交相呼应，突出两人的疲惫	《有模有样》插曲	刚到楼道口时用正面镜头，两人跑步时用侧面镜头一直到背面镜头
3	近景，背景为宿舍，机器不动，俯拍	1 秒	另一个女孩 C 在宿舍正准备试吃泡面	与楼道外飞奔的两人形成鲜明的对比	《有模有样》插曲	俯拍，被摄主体距镜头 2 米
4	近景，背景为宿舍门口，平拍，定机拍摄	2 秒	两个女孩在门口你推我搡地不让彼此进门	突出两人饥饿，与窗外的天空相互配合	《有模有样》插曲	平拍，被摄主体距镜头 2 米
5	近景，背景为宿舍，机器不动	2 秒	女孩 C 很开心地夹着泡面正准备吃	与门外的两个女孩形成对比	《有模有样》插曲	被摄主体距镜头 2 米

图　4-5

3. 文学脚本

文学脚本，就是用纯文字的形式表现想要的画面，比如一些口播视频，主要内容就是主播对着镜头讲述，这类视频的脚本只需要把主播要讲的话写下来就行；还有一些表现风光和情绪的纯镜头视频，只需要把配画面的文案写出来就行了，如图 4-6 所示。

《松田职院茉莉暑期特训营》宣传视频文案
这个暑假，很热，有的人会选择宅在家里，有的人会选择旅游散心
但你们却选择参加茉莉特训营，你们认真听课、勤于思考、大胆表达
你们分工协作、完成作品，你们热情、善良、互助，互相欣赏却又暗自较劲
14 天的抱团学习，希望帮你们看清自己、看清未来；15 天的茉莉实习，更希望给你们梦想的翅膀和奔跑的力量
好学、善思、勇敢的你们，将成为茉莉梯队的核心力量，带领师弟师妹们，继续前行，遇见更好的自己
感谢茉莉传媒付出的一切努力，是他们专业负责的态度和毫无保留的支持，让你们迅速成长
感谢松田的领导和老师们，是他们不懈的沟通和努力，才有了这样一个平台
也感谢你们自己，是你们，让这个夏天，有了不同的颜色，是你们，让松田的未来，有了新的期待

图　4-6

三、短视频脚本编写技巧

短视频的脚本更偏向于编剧类型，只要用简短的文字把事情讲清楚就行了，以下为短视频脚本编写的几个技巧。

1. 明确叙事逻辑

短视频脚本无论是剧情类的、Vlog 类的、教学类的，还是开箱、种草类的，均可以参照下面的逻辑公式：

脚本逻辑＝提出问题 / 导入情景＋解决方案＋重点强调＋总结

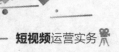

2. 注意收集生活中的段子

创作源于生活，生活中的段子自带场景，对其稍作加工后就能用于脚本的情景导入。

3. 结合人设进行叙事

在叙事时，要注意结合人设特点，如人设本身是心思细腻的、情感丰富的，就用娓娓道来的方式引入故事，这样更利于持续建立人设印象。

4. 设计互动问题，吸引关注

视频中的互动问题多以疑问和反问居多，如"你觉得这属于什么等级？""有没有人会在乎我们这些人的感受呢？"，问题设计得恰到好处，会让观众的情绪上升一个层次。

5. 设置悬念

为了获取更长的页面停留时间，我们可以在开头、中间以及结尾设置一些悬念，如"千万别划走""结尾有彩蛋哟"等。

6. 打破常规观念

针对一些大家默认的、看似没有争议的观念提出疑问，很容易引起关注，如"每天喝8杯水的人，是排毒还是伤身？"

7. 鸡汤文

鸡汤文虽然没什么营养，但是大家还是很受用的，因为每个人都希望变成更好的自己，即便现在做不到，看到鸡汤文鼓鼓劲儿也是一种精神上的愉悦。

总之，编写脚本的套路有千万条，作为身在其中的个体，要媚俗求爆还是要守住底线，做出不一样的内容，在于自身的选择，但请注意文案的前提是真诚。

产品展示类视频脚本的结构一般为三段式，即首先提出用户的"痛点"，然后分析原因提供解决方案，最后展示使用效果（或对比）。特别要注意的是，由于短视频时长原因，一定要在尽可能短的时间内把"痛点"体现出来，吸引消费者，不然视频很有可能还没播到"痛点"就被消费者淘汰了。

知识训练 ≫

1. 对于初入短视频的小白来说，最先掌握的应该是（　　　）。[单选]

A. 买设备　　　　　B. 学拍摄　　　　　C. 做脚本　　　　　D. 学剪辑

2. 写脚本的意义是什么？（　　　）[单选]

A. 只做留存文档　　　　　　　　　　B. 指导前期拍摄和后期制作

C. 记录想法　　　　　　　　　　　　D. 没意义

3. 我们在拍摄短视频之前，应该做哪些准备工作？（　　　）[多选]

A. 总结规律　　　　B. 分析产品　　　　C. 策划主题　　　　D. 撰写脚本

4. 脚本一般分为哪几种？有什么区别？

5. 分析产品时，要从哪几个方面着手？

6. 请简单编写一段种草类脚本。

技能训练 》

"编制短视频脚本"技能训练表，见表 4-6。

表　4-6

学生姓名		学　　号		所属班级	
课程名称			实训地点		
实训项目名称			实训时间		
实训目的： 熟练掌握种草短视频的脚本编写方法。					
实训要求： 1. 挑选一件自己熟悉并且可用于拍摄的产品。 2. 搜集产品的信息和卖点。 3. 参考对标账号，结合自己的创意进行种草脚本编写。					
实训过程截图： 					
实训体会与总结： 					
成绩评定（百分制）			指导老师签名		

扫一扫下列二维码，下载实训表格。

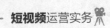

任务 4-2　拍摄短视频素材 ▶

　　阿武经过一段时间的模仿和实操，终于可以写出比较合适的短视频脚本。正好，近期他的店铺里新增了一批某品牌小风扇，他发现在淘宝视频中非常多的商家只是展示商品的外形、功能，同质化很严重。如果继续做这种类似的短视频，在抖音或其他短视频平台上播放会有转化吗？阿武打算按照自创的脚本来拍摄视频。

知识目标：

1. 了解短视频拍摄的基础知识。

2. 了解拍摄所需的设备。

技能目标：

1. 能够掌握常用的拍摄流程。

2. 能掌握商品展示类短视频的拍摄手法。

思政目标：

1. 能够增强团队合作精神。

2. 能够培养良好的职业道德。

4 学时。

　　步骤1 参考脚本，确定拍摄计划。

　　这里以室内拍摄为主。首先将脚本进行分析，将不同景别的镜头归类。这样操作的好处是，在实际拍摄中不必频繁的重复进行镜头的调试，保证画面的统一，见表 4-7。

表 4-7

参 考 脚 本	景 别
1，2，4，6，9	全景
3，5，7，8	特写

步骤2 按景别，拍摄分镜头。

（1）搭建好拍摄场地，如图 4-7 所示。

（2）布光，如图 4-8 所示。

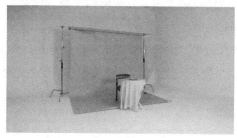

图 4-7   图 4-8

（3）按照整理好的拍摄顺序，进行素材拍摄，如图 4-9 所示。

（a）   （b）

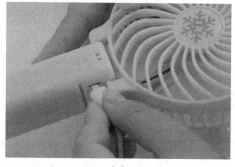

（c）

图 4-9

（4）拍摄完成以后将素材在手机（或电脑）上进行整理。

相关知识

现在拍摄短视频的拍摄工具，一般以数码单反相机和高像素手机为主。在这些拍摄设备中，我们要先了解三个基本的概念，即快门速度、感光度（ISO）、光圈。

快门速度：用来决定曝光所需的时间以"秒"为单位，常见的有 1/2、1/4、1/8、1/15、1/30、1/60、1/125、1/250、1/500、1/1000 秒等。

感光度（ISO）：在光线不足的情况下可适当提高感光度，但是原则上感光度越低越好，感光度越高越容易在画面上形成噪点，影响画面质量。

光圈：通过控制光圈大小可以达到不同的景深效果。大光圈能够形成虚化背景，突出强调被摄主体，塑造专业的视频效果。光圈大小常用 F 来表示，数值越大，光圈越小，反之光圈越大。

一、景别

景别是指由于摄影机与被摄体的距离不同，而造成被摄体在摄影机寻像器中所呈现出的范围大小的区别，如图 4-10 所示。

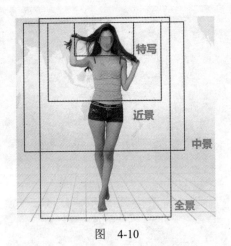

图　4-10

二、镜头运动方式

摄像机镜头的运动可以分成纵向运动的推镜头、拉镜头、跟镜头，横向运动的摇镜头、移镜头，垂直运动的升降镜头，不同角度的悬空镜头、俯仰镜头，不同对象的主观镜头、客观镜头，以及空镜头、变焦镜头、综合性镜头，见表 4-8。

表　4-8

三、画面处理技巧

　　镜头淡入，又称渐显，指一段戏的第一个镜头光度由零度逐渐增至正常的强度，有如舞台的"幕启"，如图 4-11 所示。

图　4-11

镜头淡出，又称渐隐，与镜头淡入相反，主要用于一段内容的结束。

化，又称"溶"，是指前一个画面刚刚消失，第二个画面又同时涌现，二者是在"溶"的状态下，完成画面内容的更替。

叠，又称"叠印"，是指前后画面各自并不消失，都有部分"留存"在银幕或荧屏上。它是通过分割画面表现人物的联系、推动情节的发展等。

入画指角色进入拍摄机器的取景画幅中，可以经由上、下、左、右等多个方向进入。

出画指角色原在镜头中，由上、下、左、右等方向离开拍摄画面。

定格是指将影片胶片的某一格或视频画面的某一帧，通过技术手段，增加若干格或帧相同的胶片或画面，以达到影像处于静止状态的目的。

倒正画面以银幕或荧屏的横向中心线为轴心，经过180°的翻转，使原来的画面，由倒到正，或由正到倒。

翻转画面是以银幕或荧屏的竖向中心线为轴线，使画面经过180°的翻转而消失，引出下一个镜头。一般用于表现新与旧、穷与富、喜与悲、今与昔的强烈对比。

起幅指摄影或摄像机开拍的第一个画面。

落幅指摄影或摄像机停机前的最后一个画面。

闪回是影视中表现人物内心活动的一种手法，即突然以很短暂的画面插入某一场景，用以表现人物此时此刻的心理活动和感情起伏，手法极其简洁明快。"闪回"的内容一般为过去出现的场景或已经发生过的事情。

蒙太奇，法文"montage"的音译，原为装配、剪切之意，指将一系列在不同地点、从不同距离和角度、以不同方法拍摄的镜头排列组合起来，是电影创作的主要叙述手段和表现手段之一。

四、灯光使用

1. 光度

光度是光源发光强度和光线在物体表面的照度以及物体表面呈现的亮度的总称。

2. 光位

光位是指光源相对于被摄体的位置，即光线的方向与角度，如图4-12所示。

3. 光质

光质指光线聚、散、软、硬的性质。聚光的特点是来自一个明显的方向，产生的阴影明晰而浓重；散光的特点是来自若干方向，产生的阴影柔和而不明晰；光的软硬程度取决于若干因素，光束狭窄的比光束宽广的通常要硬些。

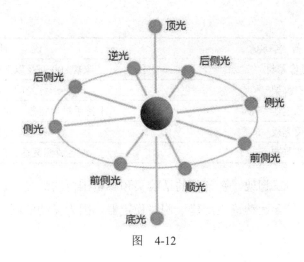

图 4-12

4. 光型

光型指各种光线在拍摄时的作用。

（1）主光：又称"塑形光"，指用以显示景物、表现质感、塑造形象的主要照明光。

（2）辅光：又称"补光"，用以提高由主光产生的阴影部亮度，揭示阴影部细节，减小影像反差。

（3）修饰光：又称"装饰光"，指对被摄景物的局部添加的强化塑形光线，如发光、眼神光等。

（4）轮廓光：指构画被摄体轮廓的光线，逆光、侧逆光通常都用作轮廓光。

（5）背景光：灯光位于被摄者后方，朝背景照射的光线，用以突出主体或美化画面。

（6）模拟光：又称"效果光"，用以模拟某种现场光线效果而添加的辅助光。

5. 光比

光比指被摄体主要部位的亮部与暗部的受光量差别，通常指主光与辅光的差别。

6. 光色

光色指"光的颜色"或者说"色光成分"。通常把光色称为"色温"。

光色无论在表达上还是在技术上都是重要的，光色决定了光的冷暖感，这方面能引起许多感情上的联想。光色对构图的意义主要表现在彩色摄影中。

总之，对于商品视频的拍摄，首先要找到其在市场中的位置，即价格、使用人群等，然后运用适当地拍摄技巧，合理地放大商品的亮点，要让观众通过短短几十秒的视频，迅速了解该商品，并产生"想买"的冲动。

1. 拍摄设备清单（手机为例），见表 4-9。

表 4-9

设 备 名 称	说 明
摄像器材	像素 800 万及以上的智能手机
三脚架	带环形灯光的手机三脚架
稳定器	手持手机稳定器（如大疆 OSMO）
反光板	白色泡沫板
背景布	纯色或图案适合的幕布或纸

2.拍摄一定要使用三脚架。有条件的话购买预算范围内的灯光，这样出片的效果会提升好几个档次。如果包含运动镜头，建议购买稳定器，因为晃动的画面，消费者可能不买账哦。

知识训练 >>

1.短视频拍摄中，辅助打光的设备是什么？（　　　）[单选]

A.稳定器 　　　　　　　　　　B.柔光板

C.三脚架 　　　　　　　　　　D.收声筒

2.怎样保证拍摄效率和画面统一？（　　　）[单选]

A.按照镜头顺序拍

B.按照剧情走向拍

C.先按景别将镜头归类

D.随便拍

3.以下哪些属于景别分类？（　　　）[多选]

A.推镜头 　　　　　　　　　　B.特写镜头

C.大特写镜头 　　　　　　　　D.移镜头

4.请描述全景、中景和特写，阐述每个景别的表现意义？

5.在展示产品细节的时候，用哪种景别合适？为什么？

6.请简述安利的一款迷你电风扇，应该从哪几个功能入手，分别用什么景别来拍摄。

技能训练 >>

"拍摄短视频素材"技能训练表，见表 4-10。

表　4-10

学生姓名		学　　号		所属班级	
课程名称			实训地点		
实训项目名称			实训时间		
实训目的： 熟练掌握商品短视频（种草短视频）拍摄的全流程。					
实训要求： 1.按照任务 4-1 编写的脚本进行拍摄。 2.构图合理、运镜简洁。 3.完成脚本指定的拍摄内容。					
实训过程截图： 					
实训体会与总结： 					
成绩评定（百分制）			指导老师签名		

扫一扫下列二维码，下载实训表格。

任务 4-3　剪辑与后期制作 ▶

情景导入

　　阿武和助手花了几天时间，按脚本完成了新增产品的拍摄，可是面对手机里面成堆的视频素材，感觉到脑壳一阵阵疼。于是他找同行请教，别人推荐了剪映 APP。阿武下载以后研究了一番，发现在该 APP 上既可以完成视频制作，又能一键发布到抖音平台，便捷性的操作让他很惊喜。又花了几天时间，他的团队将所有制作完成的视频发布到了抖音平台。

知识目标：

1. 了解短视频剪辑的基础知识。

2. 了解手机剪辑软件的特点。

技能目标：

1. 掌握短视频剪辑的制作流程。

2. 掌握商品展示类短视频剪辑的方法。

思政目标：

1. 在合理的工作安排下，对工作强度较大的任务，有担当、有责任心。

2. 能够培养良好的职业道德。

建议学时

4 学时。

操作步骤

步骤1 打开剪映 APP 首页，然后点击"新建项目"，"新建项目"下方的草稿箱内是没有完成的项目，点击未完成项目后可以继续进行剪辑，前提是视频素材没有被删除，如图 4-13 所示。

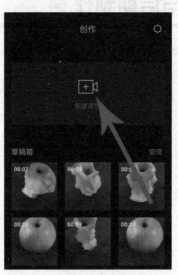

图 4-13

步骤2 打开照片 / 视频界面点选视频素材，然后点击"添加到项目"。注意，必须要点选至少一个素材，可以同时添加多个素材，如图 4-14 所示。

打开视频剪辑界面后，项目就新建完成了，如图 4-15 所示。

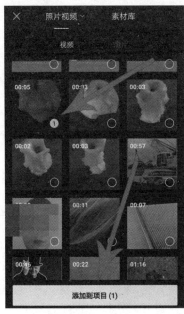

图　4-14

图　4-15

步骤3 打开视频剪辑界面后点击"关闭原声"，这样视频的原声，包括人声和背景音乐都将会关闭，达到视频静音的效果，点击"剪辑"菜单，如图 4-16 所示。

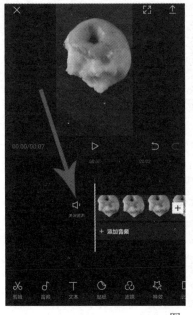

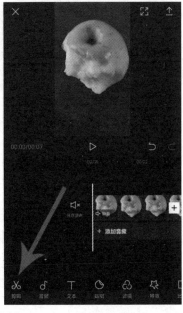

图　4-16

步骤4 打开剪辑菜单以后，在这里可以分割视频、视频变速、调节音量、改变声音、删除视频素材、增强人声、复制素材、视频倒放、视频定格和旋转。

按照脚本内容，将素材编排好顺序，如图 4-17 所示。

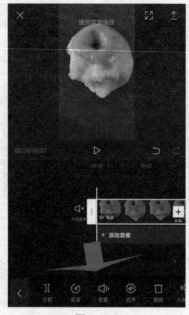

图 4-17

为视频添加背景音乐和配音。点击"音频"菜单，然后可以为视频素材添加音乐、音效，从视频中提取音乐和录制声音，如图 4-18 所示。

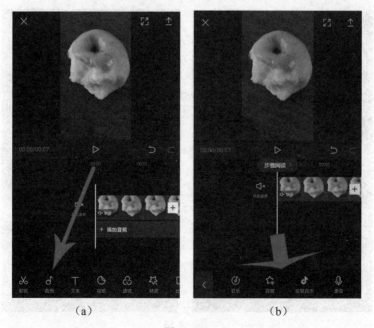

（a） （b）

图 4-18

接下来，添加视频旁白文字和文字效果。点击"文本"菜单，可以新建文本并添加字幕和文字，如图 4-19 所示。

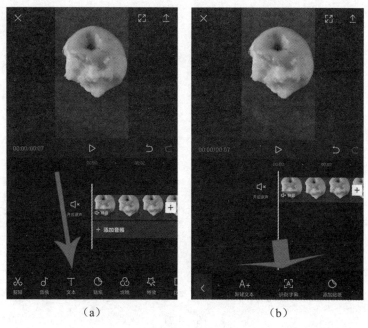

（a）　　　　　　　　　　（b）

图　4-19

可以添加贴纸，增强画面的趣味。点击"贴纸"菜单，打开贴纸列表，点击贴纸即可进行添加，如图 4-20 所示。

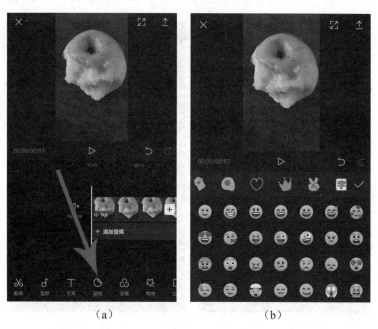

（a）　　　　　　　　　　（b）

图　4-20

对视频画面进行最后的调整。点击"美颜"菜单，可以设置视频素材的亮度、对比度、饱和度、锐化和高光，如图 4-21 所示。

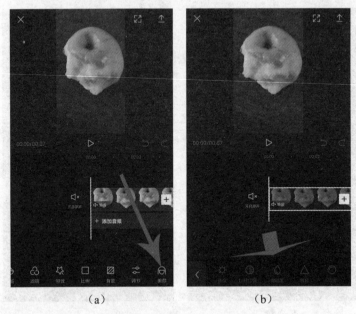

（a） （b）

图 4-21

步骤5 视频制作完成后，进行保存和发布。在剪映中剪辑好视频以后点击"保存"，视频就会导出并保存至相册中，如图 4-22 所示。

视频保存完毕后，点击"一键分享到抖音"就可以发布到抖音上了，如图 4-23 所示。

图 4-22 图 4-23

一、电脑端剪辑软件

1. Premiere

Premiere 是一款相当专业的视频编辑软件，广泛应用于电视台、广告制作、电影剪辑等领域。

优点：操作便利，特效多，熟练使用后绝对能制作出你想要的效果来。

缺点：导出文件大，需配套使用视频压缩软件；同时导出时间长，占用内存较大，如图 4-24 所示。

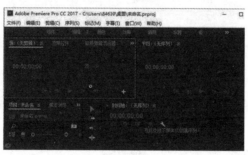

图　4-24

二、移动端剪辑软件

以剪映为例，剪映支持批量导入多个视频或图片，支持视频与图片的混合内容导入。

剪映支持视频剪辑功能，支持分割裁剪视频、视频变速、修改添加音频、音频变声与人声增强、支持倒放与旋转视频，自带多种转场特效。

剪映的优点是剪辑的视频没有水印并可以一键发布到抖音平台，具体功能如下。

「切割」快速自由分割视频，一键剪切视频。

「变速」0.2 ～ 4 倍，节奏快慢自由掌控。

「倒放」时间倒流，感受不一样的视频。

「转场」支持交叉互溶、闪黑、擦除等多种效果。

「字体」多种风格字体任你选。

「曲库」海量音乐曲库，独家抖音歌曲。

剪映 APP 功能导图，如图 4-25 所示。

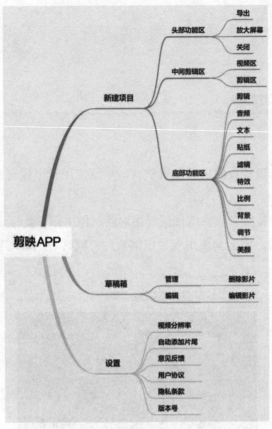

图　4-25

1. 功能介绍

首先打开剪映 APP，现在演示的是安卓 1.9 版本，先来看一下它的界面。点击这个加号，就是"开始创作"，我们可以添加我们的视频或者图片素材进去，如图 4-26 所示。往下就是草稿箱管理功能，可以管理我们之前做的项目，删除或者修改都可以，如图 4-27 所示。

图　4-26

图　4-27

这里大家要注意一下，点击设置后，可以看到有个分辨率选框，一般选择 1080px 就可以了。"自动添加片尾"要关掉，不然视频做出来在尾部会带有一段广告，如图 4-28 所示。

进入"素材编辑"界面，点击"开始创作"添加一张图片后，进入如下这个界面，如图 4-29 所示。

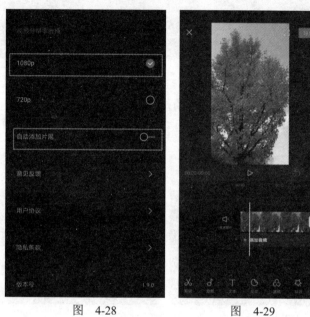

图　4-28　　　　　　　　　　　图　4-29

左上方的"叉号"就是关掉界面。右上方有两个图标，其中一个是用来放大的按钮，点击后是视频预览的效果。另一个是导出的按钮。中间区域是预览视窗。再往下是时间线以及剪辑框，用手可以左右来回移动，如图 4-30 所示。

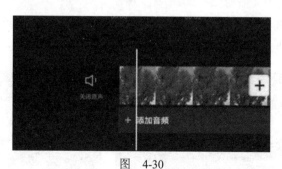

图　4-30

2. 剪辑功能

点击底部功能条的"剪辑"按钮，如图 4-31 所示。出现剪辑界面，有分割、变速、音量、动画等功能，如图 4-32 所示。

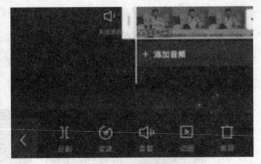

图 4-31   图 4-32

还有滤镜、特效、比例、背景、美颜的功能，如图4-33所示。在时间线的左侧可以看到关闭原声的按钮，可以把视频自带的音频给关闭，然后添加自定义的音乐，如图4-34所示。

图 4-33   图 4-34

分割：分割的意思就是把一个视频分成两段。

变速：变速就是给视频添加快放或者慢放的效果。"1x"就是正常的速度，"2x"是2倍加速，"0.2"就是0.2倍慢速，如图4-35所示。

音量：可以调节视频的音量，区别于刚才讲过的关闭原声，这个音量调节只是作用于被选中的那个视频片段，如图4-36所示。

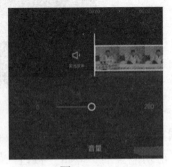

图 4-35   图 4-36

动画：为视频素材添加一个类似转场的动画，如向右甩出、向下甩入等。还可以设置动画的时长，如图4-37所示。

变声：变声功能针对视频自带的声音，如果视频内没有声音，添加自己录制的，是没有效果的。有大叔、萝莉等各种声音，如图 4-38 所示。

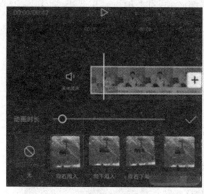

图　4-37　　　　　　　　　　图　4-38

复制：可以把相同的视频片段复制一份出来。这个功能特别好用，如做好的字幕效果，下一个字幕不想再修改格式，那么就可以使用复制这个功能。

倒放：让视频从尾部位置播放。在抖音上很常见了。

定格：先说一下定格的含义，其实就是电影、电视的活动画面突然停止在某一个画面上，并且停留一段时间画面保持不变。这个功能是将选中的画面设置为定格，选中定格的片段，可以给定格的作品添加特有的功能，如图 4-39 所示。

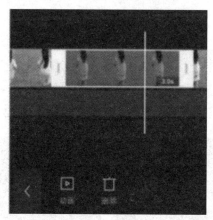

图　4-39

旋转：可以将视频进行左右的旋转。

镜像功能：先解释一下镜像的含义：从字面理解，镜像就是"照镜子"，就是把画面左右翻转，旋转 180°。理解了这个，操作时选中一个视频片段，然后选择镜像，就可以实现这个效果了。

3. 转场效果

先普及一下概念：一段完整的视频是由很多段视频和场景组成的，如拍 Vlog 视频，从餐厅到公司，这里边有很多片段，片段之间又是不同的场景，这段落与段落、场景与场景之间的过渡或转换，就叫作转场。

导入两段视频，点击箭头所指的白色按钮（见图4-40），即可进入转场设置（见图4-41）。

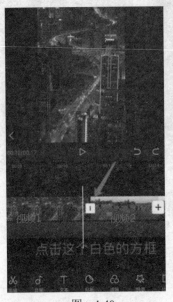

图 4-40　　　　　　　　　　图 4-41

可以看到里边有很多转场，基础转场的"叠化"一般用得比较多，还有运镜转场和特效转场。这些效果熟悉以后，对做视频会比较方便。

点击"应用到全部"，整个视频所有的转场效果都会应用这个效果。

4. 调整视频颜色

剪辑好视频后怎样给视频调整颜色呢？ 比如明暗效果。给片子做好转场后，可以添加一些颜色的效果，如亮度调节等。点击"调节"，如图4-42所示。

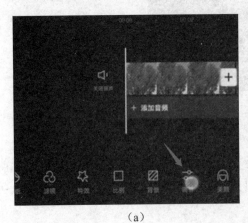
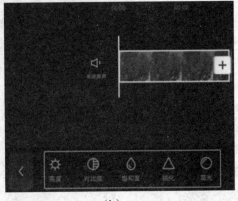

（a）　　　　　　　　　　（b）

图 4-42

亮度：调节后有明暗变化的效果。

对比度：视频有对比度的变化。

饱和度：可以让颜色更鲜艳一些。注意：不要调整过多，否则颜色会变得不正常。稍微调整一些就可以。

锐化：可以让画面更加的清晰。同样，锐化不要加太高，太高会有噪点出来。一般用微调就可以。

高光：高光是对亮度的调节，是对画面亮部的部分进行调节。

阴影：对暗部的部分进行亮度的控制。

色温：有暖色调和冷色调之分。

色调：可以将画面中的颜色进行调整。

褪色：模拟胶片的效果。

那么，"应用全部"呢？就是调整的效果运用到整个视频，包含多个视频片段。

"重置"：将之前调节的都恢复到初始状态。

5. 字幕和贴纸功能

字幕：点击文本按钮，即可在当前时间上的画面添加字幕，如图 4-43 所示。

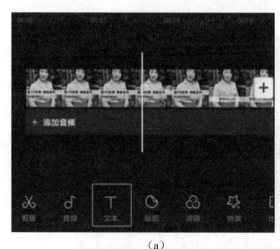

（a）   （b）

图　4-43

字幕添加好以后的效果，如图 4-44 所示。另外，在字体内还有很多高级设置。选择字幕进入编辑界面后即可看到，如图 4-45 所示。

剪映里面还有一个非常好用的功能，就是识别字幕。可以识别视频中普通话的语言内容，并生成字幕，非常方便，如图 4-46 所示。识别后的效果，如图 4-47 所示。

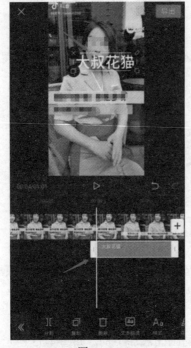
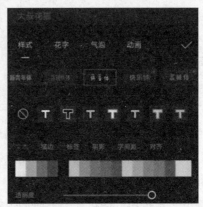

图 4-44　　　　　　　　　　　图 4-45

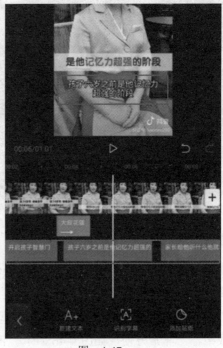

图 4-46　　　　　　　　　　　图 4-47

　　贴纸：贴纸功能可以增加视频的一些点缀效果，可以添加一些"箭头"和"小心心"这样的贴图动画，丰富画面效果，如图 4-48 所示。点击进入后，界面如图 4-49 所示。

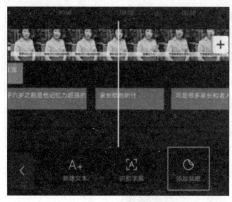
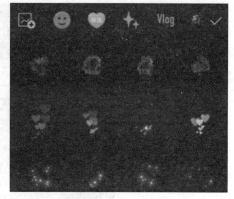

图　4-48　　　　　　　　　　　　　图　4-49

适当的贴纸会让视频画面的重点和风格更加突出，如图 4-50 所示。

6. 视频比例

打开主界面后，在底部找到"比例"按钮，点击进入设置界面，如图 4-51 所示。

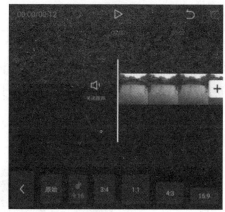

图　4-50　　　　　　　　　　　　　图　4-51

在剪映中有多种视频比例的选择，常见的包括：

9 ∶ 16：竖版的视频比例，也是默认的视频比例，一般制作使用这种。

3 ∶ 4：其他移动设备的视频比例，如 iPad。

1 ∶ 1：视频的原尺寸比例。

4 ∶ 3：传统的电视视频画面比例。

16 ∶ 9：横版的视频比例，一般在 PC 端使用较多。

7. 导出

以上操作完成后，点击"导出"按钮，视频即可导出发布。

常用的手机端短视频剪辑制作软件 APP 及主要效果，如图 4-52 所示。

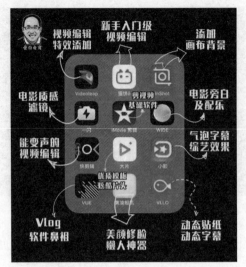

图   4-52

三、剪辑六要素

在剪辑方面,要注意以下 6 个要素:观众情绪、故事、节奏、视线追踪、轴线规则以及三维空间。其中,观众情绪是最重要的元素,其价值要超过其他 5 个元素,如图 4-53 所示。

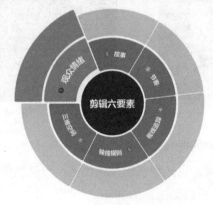

图   4-53

1. 观众情绪

观众情绪并不是指非常激烈的情绪,而是我们想让观众产生的情绪,如果观众在看视频时,从头到尾都能感觉到你所想表达的情感,能不断地推进情绪,你所做的一切就都值得了。他们最终记住的不是剪辑手法,不是摄影技巧,也不是表演,甚至不是故事情节,而是他们的感受,如图 4-54 所示。

图　4-54

2. 故事

每一次的剪辑都需要推动故事发展。故事是人类文明得以传承的重要载体。

3. 节奏

剪辑是否打乱了原来的视频节奏？这是对观众情绪原则的补充。只要能适应于你的故事基调的叙事节奏，就是好的节奏。

4. 视线追踪

在剪辑时，我们是否考虑了观众的视线位置？他们在看向屏幕的何处？聚焦于谁？时刻考虑到这一点，你的剪辑会更能掌控观众的视线。

5. 轴线原则

尽可能不要越过180°轴线，否则会造成观众对方向的迷惑，这能保证动作的正确运动路径以及运动的连续性。

6. 三维空间

剪辑是否建立了正确的空间关系？在剪辑中要确保画面沿着轴线运动。此规则应始终坚持，除非你有意打破它。

剪映的常规功能和操作非常简单，也容易上手。但是真正要制作出点击率高的作品，还需要创作者在内容上和视频效果上下功夫，这样才能达到商品宣传展示的目的。

同步训练

1. 对于初学者来说，剪辑视频最重要的是将脚本内容制作完整。（   ）[判断]

2. 剪辑一定要使用电脑来进行制作。（   ）[判断]

3. 以下哪个是常用的手机剪辑软件？（   ）[单选]

A. 直播姬   B. 剪映

C. PR   D. Xbox

4. 在剪辑前，应该先准备什么？（   ）[单选]

A. 拍摄好的视频素材

B. 准备拍摄设备，边拍边剪

C. 分类好的拍摄素材

D. 不需要准备

5. 以下哪些是视频剪辑软件？（   ）[多选]

A. 达芬奇   B. FL Studio

C. AE   D. PR

6. 剪辑视频的一般流程是什么？

7. 视频中镜头与镜头之间的过渡一定要加上酷炫的转场效果吗？为什么？

8. 你认为现场拍摄时的同期声对后期制作有帮助吗？为什么？

9. 短视频使用竖版还是横版，哪一种更加合适？为什么？

10. 简述手机剪辑软件和电脑剪辑软件的优缺点。

11. 简述剪辑视频的操作流程。

12. 剪辑视频的意义是什么？

技能训练 >>

"剪辑与后期制作"技能训练表，见表 4-11。

表 4-11

学生姓名		学　　号		所属班级	
课程名称			实训地点		
实训项目名称			实训时间		
实训目的： 熟练掌握商品短视频剪映剪辑的流程和方法					
实训要求： 1. 按照任务 4-1 编写的脚本，对任务 4-2 拍摄的素材进行剪辑。 2. 发布视频，监控 24 小时内视频的互动情况。					

（续表）

实训过程截图：		
实训体会与总结：		
成绩评定（百分制）	指导老师签名	

扫一扫下列二维码，下载实训表格。

⑤ 项目5
短视频运营数据分析

专业运营离不开数据分析，短视频运营也是如此。短视频放到全网渠道后，会产生一些数据，如播放量、完播率、收藏量、评论数等，如果运营者了解平台的推荐机制，知道看哪些数据，也知道怎么运用这些数据的话，就能用数据来指导运营，从而提升视频的曝光度、播放量和由播放量产生的收益。

项目提要

本项目以抖音、快手平台的短视频运营为例，通过基本的数据分析工具、平台流量池规则、推荐机制以及各种数据指标，训练运营者的短视频运营数据分析能力，对账号的前期定位、中期运营，以及运用数据优化内容等方面提供数据指导，更加有的放矢地进行短视频运营。

项目思维导图

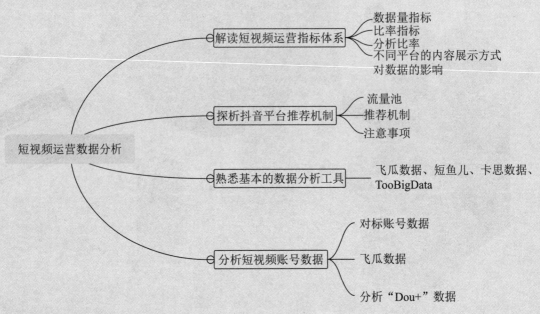

解读短视频运营指标体系
- 数据量指标
- 比率指标
- 分析比率
- 不同平台的内容展示方式
  对数据的影响

探析抖音平台推荐机制
- 流量池
- 推荐机制
- 注意事项

短视频运营数据分析

熟悉基本的数据分析工具 —— 飞瓜数据、短鱼儿、卡思数据、TooBigData

分析短视频账号数据
- 对标账号数据
- 飞瓜数据
- 分析"Dou+"数据

引例

　　阿伟刚刚成为一家短视频代运营公司的实习生。刚入职，主管张经理就交给他一个已经发布了几条短视频的抖音账号，让他尝试运营两周，两周后写一份数据分析报告提交给公司。报告需要包括对账号目前情况的数据分析、竞争对手分析、目标粉丝画像分析，并且给出合理的优化建议。

　　阿伟在上学期间曾学习过一些抖音平台数据分析方面的知识，他决定先了解已经发布的短视频的数据情况，如播放量、点赞数、评论数等，再通过数据分析工具对这个视频账号涉及的领域进行分析，特别是看看其中做得不错的账号有什么特点，找到对标的账号，确定改进方向。最后，发布几条经过优化的视频，继续观察各项数据指标的变化，如果数据指标上升，则说明优化方向是对的；如果数据指标没有明显改善，就重复上述过程继续寻找问题。经过两周的调整，该抖音账号的各项数据指标均有了明显的提升，阿伟也因此得到了公司的认可，正式开始负责运营不同的短视频账号。

建议学时

　　12学时。

任务 5-1　解读短视频运营指标体系

情景导入

张经理告诉阿伟，数据运营就像我们拍摄短视频一样。短视频是通过相机将每一帧画面记录下来，而数据则可以帮助我们将每一次观众观看我们的行为及反馈记录下来，对我们创作和运营短视频都有非常重要的作用，阿伟深以为然。

任务目标

知识目标：

1. 了解短视频运营中各项数据指标的含义。

2. 了解比率指标的作用。

技能目标：

1. 能够准确计算短视频数据的各种比率。

2. 能根据各项数据，解读与对标账号的差距。

思政目标：

1. 能够细致、耐心地对待数据分析。

2. 对竞争对手的数据能做到客观分析、取长补短。

建议学时

2 学时。

操作步骤

步骤1 打开并登录快手 APP，点击"发现"页面右上角的"+"，选择类别"vlog"，如图 5-1 所示。

图 5-1

步骤2 选择点赞量差距比较大的两个视频，如图 5-2 所示。

图 5-2

步骤3 分别打开这两个视频，记录它们的播放量（浏览量）、点赞量和评论量，如图 5-3 所示。

图　5-3

步骤4 计算两个视频的点赞率和评论率。点赞率和评论率的计算公式为

点赞率 = 点赞量 / 播放量（浏览量）

评论率 = 评论量 / 播放量（浏览量）

步骤5 将两个视频的 4 项数据指标填入表 5-1。

表　5-1

	播放量	点赞量	评论量	点赞率	评论率
视频 1					
视频 2					

步骤6 结合视频内容和评论内容，说明两个视频的数据存在差异的原因。

一、数据量指标

短视频的播放量、点赞量、评论量、转发量、收藏量是必须掌握的，也是大家能直观看到的数据。

（1）播放量，是基础量，能够最直接地评判一个短视频的好坏。播放量高的短视频不一定是一个好的短视频，但播放量不高的短视频绝对是一个不成功的短视频。

（2）点赞量，反映短视频是否受人喜欢、有没有让人点赞的冲动。

（3）评论量，反映短视频里是否有引起讨论的话题或槽点。

（4）转发量，反映短视频呈现出来的价值观能否受到观众的认可。

（5）收藏量，反映短视频里是否存在有用的知识点或技能分享。

二、比率指标

1. 点赞率

点赞率是点赞数量与短视频播放数量的比率，反映了在观看的人群当中，有多少人觉得这条短视频内容不错、值得一赞，其计算公式为

$$点赞率 = 点赞量 / 播放量$$

例如，点赞量为 19 人次，播放量为 1.2 万人次，则点赞率为 19/12000=0.16%，也就是说 100 个人里面连 1 个点赞的都没有，那么这个播放量是没有价值的，要查看一下是不是有人刷量。

2. 收藏率

收藏率是收藏数量与播放数量的比率，反映了在观看的人群当中，有多少人觉得这条短视频"有用"，想收藏起来反复观看，其计算公式为

$$收藏率 = 收藏量 / 播放量$$

3. 转发率

转发率是转发数量与播放数量的比率，反映了在观看的人群当中，有多少人觉得这条短视频符合自己的价值观，想推荐给其他人，其计算公式为

$$转发率 = 转发量 / 播放量$$

4. 评论率

评论率是评论数量与播放数量的比率，反映了在观看的人群当中，有多少人与这条短视频产生了更深入的互动，其计算公式为

$$评论率 = 评论量 / 播放量$$

那么，比率的意义是什么？

例如，你的视频播放量只有 5000 人次，但是你对标的账号很厉害，播放量有 100 万人次，这时仅仅对比播放量，相差太大，完全没有可比性，也就失去了对标的意义。但是，如果你的点赞量是 500 人次，而对标账号的点赞量是 10 万人次，那么你的点赞率是 500/5000=0.1，对标账号的点赞率是 10 万 /100 万 =0.1，说明你和对标账号在本条视频上的表现是一样的。

数据量是可以变化的，但是相除得到的比率基本上是稳定的，当我们求出相应的比率时，原本播放量相差许多倍的视频就具有了可比性。除了通过播放量以及基于观看者审美

对视频做出的评价外,点赞率、转发率、评论率和收藏率也是很重要的数据指标。

另外,还要特别注意完播率、复播率和赞粉比。

完播率是指刷到这个视频的用户,有多少看完了整个视频。复播率是指刷到这个视频的用户,有多少人又再次观看了。赞粉比是点赞量与粉丝量的比率,反映的是一个抖音号的用户黏性,抖音号粉丝数越多的账号价值越高,但不代表低粉丝量的收益就偏低。例如,某账号只有 3 万个粉丝,但视频的平均点赞数为 2 万人次,这说明粉丝的忠诚度很高,账号也很有价值。

三、分析比率

接下来,我们以快手平台的 2 个账号为例,讲一讲应该怎么分析比率。这是 2 个以房屋软装为主的账号:"补屋正业"和"设计师阿爽"。先看看它们在快手连续发布的 10 个视频的数据。

从"补屋正业"在快手连续发布的 10 个视频中可以看到,视频的播放量差距比较大,有高达 200 多万人次的,也有低至 7 万多人次的,大部分分布在 20 万~ 50 万人次,如图 5-4 所示。

图 5-4

(图片来源:飞瓜数据快手版"补屋正业")

由图 5-4 中的数据分别计算出"补屋正业"这 10 个视频的点赞率及评论率,见表 5-2。

表 5-2

1	点赞率 =10.2w/114.7w=9% 评论率 =830/114.7w=0.07%	6	点赞率 =5211/24.5w=2% 评论率 =121/24.5w=0.05%
2	点赞率 =2221/7.2w=3% 评论率 =24/7.2w=0.03%	7	点赞率 =13.8w/204.6w=7% 评论率 =941/204.6w=0.05%
3	点赞率 =1.5w/21.3w=7% 评论率 =98/21.3w=0.05%	8	点赞率 =1.6w/49.1w=3% 评论率 =240/49.1w=0.05%
4	点赞率 =2880/11.4w=3% 评论率 =73/11.4w=0.06%	9	点赞率 =7.6w/228.9w=3% 评论率 =828/228.9w=0.04%
5	点赞率 =2.0w/46.6w=4% 评论率 =109/46.6w=0.02%	10	点赞率 =5.0w/61.3w=8% 评论率 =259/61.3w=0.04%
平均点赞率 =5%，平均评论率 =0.05%			

从表 5-2 可见，"补屋正业"的点赞率基本在 5% 左右，评论率在 0.05% 左右。

"设计师阿爽"在快手连续发布的 10 个视频，播放量高的可以达到 447.4 万人次，一般的在 100 万人次左右，如图 5-5 所示。

图 5-5

（图片来源：飞瓜数据快手版"设计师阿爽"）

由图 5-5 计算出这 10 个视频的点赞率及评论率，见表 5-3。

表　5-3

1	点赞率 =6227/19w=3% 评论率 =293/19w =0.2%	6	点赞率 =2.9w/110.8w=3% 评论率 =626/110.8w =0.1%
2	点赞率 =8818/33.2w=3% 评论率 =433/33.2w=0.1%	7	点赞率 =21.0w/447.4w=5% 评论率 =2454/447.4w=0.1%
3	点赞率 =4.9w/139.4w=4% 评论率 =887/139.4w=0.1%	8	点赞率 =1.5w/72.4w=2% 评论率 =4695/72.4w=0.6%
4	点赞率 =11.3w/248.9w=5% 评论率 =1142/248.9w=0.05%	9	点赞率 =9492/53.9w=2% 评论率 =279/53.9w=0.05%
5	点赞率 =8.7w/173.8w=5% 评论率 =939/173.8w=0.05%	10	点赞率 =2.0w/73.1w=3% 评论率 =145/73.1w=0.02%
平均点赞率 =3.5%，平均评论率 =0.1%			

从 2 个账号的数据来看，尽管"设计师阿爽"处于家居榜第一名，粉丝数、作品数、播放量都是"补屋正业"的好几倍，但在粉丝互动方面，二者的差距是不大的。这就显现出比率的意义了——即使播放量相差很多，如果比率差距不大，说明数据较差的一方的内容是优质的，数量的差距更多的是因为粉丝数量、粉丝属性或者运营细节上的不同，而不是内容本身不好。

再深入查看会发现，"设计师阿爽"的转发率非常高，评论量也比较大，这也是为什么他的视频播放量会远远高于"补屋正业"的原因。作为运营者，我们应该去看一看这些视频，分析一下视频中的哪些点让人觉得有分享和评论的冲动。

除了以上的比率对比，还要关注对标账号每条短视频的涨粉率。例如，一个短视频发布了 3 天，第一天一下子增加了 1 万个粉丝；第二天没有发新的东西，但还是增加了 1000个粉丝；第三天发了个新视频，增加了 5000 个粉丝。那么，可以估计第一个视频增加了 1.1万个粉丝。同时，转发量高的视频几乎都是涨粉多的视频。

总之，以上数据指标的作用如下：

（1）基础数据包括播放量、评论量、点赞量、转发量和收藏量。基于这些数据，为了让播放量相差太多的视频具有可比性，我们用这些量除以播放量，得到比率。

（2）基于播放量的比较我们可以通过统计得出一些初步的简单的结论，比如标题长度，甚至哪个选题方向好等等这样的问题，都可以通过播放量去选。

（3）比率可以用于账号之间的视频数据比较，这种比较得出的结论大多是可以用来优化视频内容的。通过寻找优秀视频的数据规律，再拿自己的视频的数据去比较，就可以知道自己哪些方面还可以改进优化。

四、不同平台的内容展示方式对数据的影响

在了解展示方式对数据的影响之前，必须先了解一下什么是打开率。打开率是指当用户看到这条短视频之后，有多少人打开看了。打开率很重要，是你所有数据的开始，如果

连打开都没有，谈什么播放量、点赞量还有各种比率呢？不过打开率是和平台的内容展示方式息息相关的。

1. 中心化展示方式

中心化展示方式是指平台自动为用户挑选内容，用户自己无法决定打开什么样的内容。

比如抖音就属于中心化的内容展示方式。一方面，当创作者发布短视频后，完全不清楚平台会把这条短视频推送给哪些人看；另一方面，在抖音平台内，每个用户只是在单纯的观看而已，刷到什么看什么，就算刷到不喜欢的视频，也是直接播放的，不能控制是否打开观看。所以，除了用户产生的点赞、评论等，最影响短视频数据的其实是一开始平台的强制推荐，如果首次推荐的那些人中大部分都喜欢你的视频，不仅看完了，而且还互动了，那么你的视频接下来的数据表现就会很好；如果首次推荐的那些人不喜欢你的视频，那这条视频可能就到此为止了。而首次强制推荐的规则是什么，只有抖音平台自己知道。

2. 去中心化展示方式

B 站、美拍、小红书等平台属于去中心化的展示方式。用户可以自由选择界面上的某个短视频打开看，选择的原因往往是因为封面吸引人或者标题吸引人，因此在这些平台上，封面和标题是影响打开率的重要因素。另外，对于 B 站来说，弹幕数量也决定了一个视频的江湖地位，很多用户会因为弹幕数量多而打开观看。而粉丝数、点赞量、转发量、收藏量是决定视频是否上首页的重要因素。

快手比较特殊，其内容展示方式是由用户设置的，用户可以设置成像抖音一样的中心化展示方式（即平台推荐什么就直接播放什么），也可以设置成像 B 站、美拍一样的去中心化展示方式。

总之，不同平台的播放量影响因素和数据指标不同，了解了平台特点，才能找到关键因素和数据作分析，不然得出的结论也是无用的，见表 5-4。

表 5-4

平台	平台推荐率影响因素	打开率影响因素
抖音	1. 视频与用户画像的匹配程度 2. 浏览历史 3. 热度（完播情况、点赞、评论、转发、收藏等） 4. 发布时间 5. 是否为头部账号	平台是否推荐
快手	1. 视频与用户画像的匹配程度 2. 浏览历史 3. 热度（赞、评论、转发等） 4. 发布时间	封面、标题、点赞或平台是否推荐
B 站	1. 视频与用户画像的匹配程度 2. 浏览历史 3. 热度（点赞、收藏、转发、弹幕、评论等） 4. 发布时间	封面、标题、弹幕

1. 在不同的视频平台，我们能看到的数据量不同。比如在快手平台，可以查看所有视频的播放量、点赞量、评论量，但看不到转发量；在抖音平台，能看到所有视频的点赞量、评论量和转发量，但只能看到自己视频的播放量，无法看到其他人的播放量；在 B 站，能看到全部的数据，包括播放量、点赞量、收藏量、转发量、投币数量、弹幕量。如果想看到平台上不显示的数据，就需要借助一些数据工具。

2. 由于各个视频平台的定位不同，平台对视频数据指标的重视程度也不同。比如美拍在定位上更偏重粉丝与达人之间在垂直领域的深度交互，因此更重视点赞率，点赞率越高的视频就越有可能爆；而抖音平台更注重视频在全平台的影响力和变现能力，所以播放率和完播率是更加重要的指标，特别是对于带货视频来说，高播放率意味着传播范围广，比点赞更重要。

知识训练 ≫

1. B 站"一键三连"对应的是以下哪几个数据指标？（　　　）[单选]

A. 点赞、收藏、转发　　　　　　　　B. 点赞、投币、收藏

C. 点赞、投币、弹幕　　　　　　　　B. 点赞、投币、转发

2. 最有可能解释一个短视频收藏率高的原因是（　　　）。[单选]

A. 对我有用，值得反复观看　　　　　B. 背景音乐好听

C. 视频里的小哥哥很帅　　　　　　　D. 剧情神反转

3. 在抖音平台，你能看到所有视频的（　　　）。[多选]

A. 播放量　　　　　　　　　　　　　B. 点赞量

C. 评论量　　　　　　　　　　　　　D. 转发量

4. 为什么说转发量高的视频，播放量一般都高？

5. 在 B 站，你能看到哪些数据量指标？

6. 比率指标的作用是什么？

技能训练 ≫

"解读短视频运营指标体系"技能训练表，见表 5-5。

表　5-5

学生姓名		学　　号		所属班级	
课程名称			实训地点		
实训项目名称			实训时间		
实训目的： 掌握抖音平台各项数据指标的含义。					
实训要求： 1. 登录快手，在同一领域里找到两个不同的账号（如两个美食教程类账号）。 2. 分别列出这两个账号最新发布的 3 条视频的播放数、点赞数和评论数。 3. 分别计算这两个账号的点赞率和评论率。 4. 对比这两个账号的各项数据指标，并结合视频内容，分析并指出两个账号各自的特点。					
实训过程截图：					
实训体会与总结：					
成绩评定（百分制）			指导老师签名		

扫一扫下列二维码，下载实训表格。

任务 5-2　探析抖音平台推荐机制

情景导入

　　虽然了解了基本的数据指标，但要在抖音平台有所作为，还需要了解平台的推荐机制。阿伟了解到公司的张远是这方面的行家，所以虚心向他请教，张远告诉阿伟，要把播放量、点赞率、评论率等指标放在抖音的流量池和推荐机制中，才能发现其中的奥秘。

知识目标:

1. 了解抖音平台流量池的概念。

2. 了解抖音平台的推荐机制。

技能目标:

1. 能根据播放量判断目前所处的流量池。

2. 能指出未晋升到下一级流量池的原因。

思政目标:

1. 在短视频运营中,能秉持客观、公正的态度,追求真实数据。

2. 既具备宏观意识,能从全局出发思考问题,又能观察入微,发现细节。

4 学时。

操作步骤

步骤1 发布一条抖音视频,发布后每隔 1 ~ 2 小时记录一次指标数据,填入表 5-6。

表 5-6

记录时间	播放量	点赞量	评论量
发布 1 小时后			
发布 3 小时后			
发布 5 小时后			

其中,播放量在抖音首页下方"我"的"作品"栏中查看,如图 5-6 所示。

步骤2 5 个小时后,根据数据判断自己的视频处于哪个流量池?如果播放量进入了更高一级的流量池,分析晋级原因;如果没有进入,分析失败原因,并将以上内容填入表 5-7。

步骤3 针对该条视频的数据表现,给出内容优化建议。

图 5-6

（资料来源：抖音"七个马小嘟"）

表 5-7

	播放量	是否处于该流量池	晋级成功/失败原因
初级流量池	200～1000 播放量	是/否	
中级流量池	1万～10万播放量	是/否	
精品流量池	100万播放量	是/否	

一、流量池

在微博和公众号上，如果你没有粉丝的话，你发的内容就不会有人看。但是在抖音，即使你完全没有粉丝，不管你的视频质量是好还是坏，发布之后一定会有播放量，从几十到上千都有可能。

为什么呢？因为抖音平台会根据算法给每一个新发布的视频分配一群人，让他们刷到这个视频，之后，抖音就会根据该视频在这人群中受欢迎的程度，决定是把你的作品推送给更多的人群，还是就此打住。这些人群就叫做流量池。

抖音平台有以下几个流量池：

基础流量池：200～1000播放量，即你的视频会被推荐给200～1000个人。

初级流量池：1万～10万播放量，即你的视频会被推荐给1万～10万个人。

中级流量池：10万～100万播放量，即你的视频会被推荐给10万～100万个人。

高级流量池：100 万～ 1000 万播放量，即你的视频会被推荐给 100 万～ 1000 万个人。

S 级流量池：1000 万以上播放量，即你的视频会被推荐给超过 1000 万个人。

王者流量池：全站推荐，上亿流量

每个人的视频发布成功后，系统都会判断是否含有违规内容，如果没有，就会将视频放入基础流量池，这是一个 200～1000 人的小流量池，如果你的视频在这些人中获得了 10% 的点赞率或 60% 的完播率，平台就会判定这个视频内容受欢迎，将视频推荐给初级级别的流量池，否则，你就只有几百的播放量，无法突破。

成功进入中级流量池的视频，平台会分配大概 1 万～ 10 万的推荐量。在这个阶段，平台会根据完播率、点赞率、评论率、转发率进行下一轮的筛选。

通过一轮又一轮的验证，筛选出点赞率、完播率、评论互动率等指标都极高的短视频，才有机会进入精品推荐池，获得平台 100 万左右的推荐量，这时你的视频就"爆"了，如图 5-7 所示。

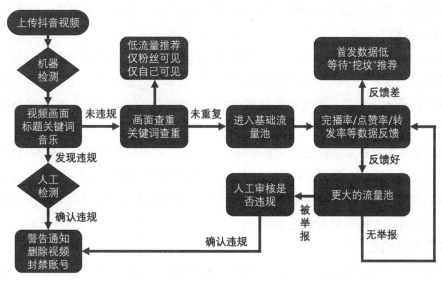

图　5-7

二、推荐机制

根据上述的流量池规则，我们知道，在抖音平台，一个视频能不能火，和它所处的流量池有关，而是否能被推荐进入更大的流量池，又和账号本身因素和视频互动因素有关，如图 5-8 所示。

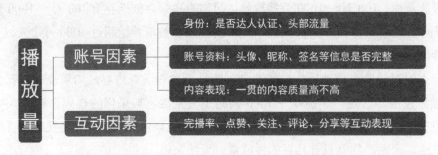

图 5-8

1. 账号本身因素

广义上的因素包括：信息资料是否完备，是否有达人认证，是否有粉丝基础，是否有不良记录，是否持续输出，所发布内容是否与标签一致等。

如果你的账号情况正常，或者是新人账号，没有达人认证和很多粉丝，也没有出现过违规情况，那么在发布一条新视频时，抖音会给你一个基础展现量。流量池大概在 300 ～ 500，差别不会很大。

之所以会推荐给这几百个人，而不是另外几百个人，是因为你的视频中所包含的各种标签和被推荐的这几百个人的行为标签是匹配的。比如你在发布时带上了地理位置，那么就会优先推荐给本地用户；如果你的标题中带有"旅行"这个关键词，那么就会推荐给那些平时爱刷旅行视频、经常给旅行视频点赞的用户。

当然，实际的推荐算法比这个要复杂得多，要考虑的账号标签和用户标签也要多得多，所以我们一定要做垂直、精准的内容，这样算法才能把我们推荐给那些真正感兴趣的用户。如果今天发美食视频、明天发穿搭视频，那么你的账号标签会很混乱，导致算法也不知道该把你推荐给谁，你的流量就会越来越少。

2. 视频互动因素

要想晋升到更大的流量池，平台会综合 4 个因素进行判断，即完播率、点赞率、评论率和转发率，这 4 个因素的优先级是：

完播率 > 点赞率 > 评论率 > 转发率。

完播率指的是打开你视频的人，有多少人看到最后了。这个比率对流量池晋升的影响很大，甚至可以说，完播率能直接决定这个视频是否能进新的流量池。

如果你做过短视频带货，就应该知道为什么很多带货视频，尤其是粉丝基数少（几千粉丝）的账号，通常发的带货视频都在 7 ～ 15 秒。因为这样可以最大限度地保证完播率，甚至可以通过查看完播率这个功能，统计出对应标签下，用户对视频类型的偏好，从而调整视频选题和时长，让视频自动进入一个又一个更大的流量池里，让你的推荐量大幅度提升。

很多短视频会在视频描述和视频开头或结尾处写上"一定要看到最后""结尾有惊喜"等就是为了提升完播率；写"心疼小姐姐的快点赞吧""点个赞再走"等是为了提升点赞率。

至于评论率的提升，我们可以在视频描述里设置一些互动问题，引导用户留言评论，提升评论量，并且通过回复用户评论，提炼视频核心观点，引导更多的用户参与到话题讨论中来，进一步提升评论量。

有爆点的评论也不一定非要等用户发布，我们可以提前准备一些神评论，视频发出后，在评论区引导用户围绕这个话题展开更多的互动，以达到提升这 4 个指标的目的。

三、注意事项

1. "挖坟"现象

你可能会遇到这种情况：有些视频拍出来之后没火，过几天或过一个星期，甚至过了几个月之后，这个视频却突然火了。作为用户，在刷视频的时候也会发现：这条视频明明前一段时间刷过，但是今天又刷到了，而且之前点的赞也消失了。

这是因为抖音的推荐算法有时候会"挖坟"，会把一些老视频翻出来重新推荐给适合的用户，从而带火一些优质的老视频。所以，对于比较优质的视频，我们要持续做点赞、评论、转发，不断运营，也许过段时间这个视频就会被推荐了。

2. 不要"刷流量"

在淘宝上有各种刷抖音流量、评论、点赞的店铺，千万不要去购买，在这方面平台的管控是非常严格的，不要有侥幸心理，如果刷流量，一定会被发现的，一旦发现，这个账号就废了。

总之，对于抖音平台的推荐机制来说，每个账号的每条视频，都是站在一个相对公平的起跑线上，最后谁能够成功地成为爆款视频，主要还是看视频的内容是否受用户的欢迎，越受欢迎的视频就会配给越多的流量，所以我们常说"抖音平台，内容为王"，不管你做哪种类型的视频，内容质量才是重中之重。

1. 针对步骤 1 中的视频发布，要注意发布时间段对数据影响很大，最好的发布时间点没有统一的标准，所谓的工作日的 12 点，18 点以及 21 ～ 22 点，或者周五的晚上以及周末等，统统只是大家可能比较闲的时间段罢了，最多作为参考。真正科学的发布时间是要根据你的精准用户们在你视频发布的那个时间点是否处于最恰当状态来调整的。举个例子，鸡汤类、情感类视频在晚上 21 ～ 23 点发是很适合的，因为在这个时间段大部分人都是"空虚

"寂寞冷"的状态，正好迎合；而励志类、职场类的，早上 8～9 点和中午 11 点半～12 点半是属于它们的黄金时间段。关于发布时间，没有最好，只是最适合。

2. 视频发布后 2～3 小时内的数据表现很重要，也许直接决定了是否能进入下一级流量池。

3. 每发布一条新视频，都会被重新投放到初级流量池中，所以不一定上一条视频爆了，下一条就会爆，每一条都是新的开始。

4. 抖音目前只对有商品橱窗功能的用户开放了完播率查看功能，如果想提升完播率，可以减少视频时长，尽量做 30 秒内的视频，并且在 5 秒左右，要有引起用户观看兴趣的点。

知识训练 ≫

1. 短视频发布 3 小时后，播放量达到（　　），说明它进入了中级流量池。[单选]

A. 1000　　　　　　B. 2.2 万　　　　　　C. 80 万　　　　　　B. 500 万

2. （　　）会直接决定这个短视频是否能进入新的流量池。[单选]

A. 点赞率　　　　　B. 播放量　　　　　　C. 复播率　　　　　D. 完播率

3. 在标题或者视频中设置一个可能引发讨论的问题，会直接提升（　　）。[单选]

A. 点赞量　　　　　B. 转发量　　　　　　C. 播放量　　　　　D. 评论量

4. "神评论"是怎样影响短视频的各项互动数据的？

5. 请解释产生以下现象的原因：刷到了前几天看过的视频，明明前几天就点过赞了，但今天刷到时却显示没有点赞。

6. 小明认真地做了一条视频，在抖音平台发布后仅 1 天，播放量就高达 20 万，他很开心，按照同样的套路做了第二条视频，发布 2 天后，播放量却只有 3000 多，请问为什么同样优质的视频，播放量却差别这么大？

技能训练 ≫

"探析抖音平台推荐机制"技能训练表，见表 5-8。

表　5-8

学生姓名		学　　号		所属班级	
课程名称			实训地点		
实训项目名称			实训时间		
实训目的： 掌握抖音平台的推荐机制，能根据视频的数据表现给出优化建议。					

（续表）

实训要求：
1.发布一条抖音视频。发布后每隔 2 ～ 3 小时记录一次指标数据。 2.24 小时后，判断自己的视频处于哪个流量池。 3.如果视频播放量进入了更高一级的流量池，分析晋级原因；如果没有进入，分析未晋级原因。 4.针对该条视频的数据表现，给出优化建议。

实训过程截图：

实训体会与总结：

成绩评定（百分制）		指导老师签名	

扫一扫下列二维码，下载实训表格。

任务 5-3　熟悉基本的数据分析工具 ▶

除了阿伟常用的两个数据分析工具——飞瓜数据和 TooBigData，主管还给了阿伟短鱼儿和卡思数据的账号让他熟悉一下，阿伟分别登录了这几个平台，熟悉了后台功能，并分别总结了它们的特点。

任务目标

知识目标：

1.了解数据工具的作用。

2.了解常用数据工具的优缺点。

技能目标：

1. 能熟练操作常用的数据工具。

2. 能使用飞瓜数据的常用功能查看数据。

思政目标：

1. 能做到实事求是，不造假、不敷衍。

2. 有独立的判断能力，能客观对待数据分析工具，不盲目相信。

2 学时。

步骤1 登录飞瓜数据（抖音版），查看其功能，如图 5-9 所示。

飞瓜数据网址：www.feigua.cn。

图 5-9

步骤2 登录短鱼儿，查看其功能，如图 5-10 所示。短鱼儿网址：www.duanyuer.com。

图　5-10

步骤3 登录卡思数据，查看其功能，如图 5-11 所示。

卡思数据网址：www.caasdata.com。

步骤4 登录 TooBigData 数据，查看其功能，如图 5-12 所示。

TooBigData 网址：toobigdata.com。

图　5-11

图 5-12

相关知识

一、飞瓜数据

飞瓜数据目前有抖音版和快手版，其他版本（B站、微视等）还未开放，聚合了抖音和快手全平台视频、账号、达人、推广产品等各个维度的数据，可以查看短视频及商品流量趋势，以及包含达人销量榜、商品推广热门榜等在内的各类排行榜，甚至提供了热门视频、音乐、爆款商品及优质账号，此外还有粉丝增长、粉丝画像的分析。

有了飞瓜数据，可以系统了解平台热门视频或热门商品，再也不会错过任何一个爆品。通过飞瓜数据的商品销量榜、商品推广榜可以发现更多高佣产品。而商品对应的数据趋势以及粉丝画像分析，可以了解各个产品的消费群体，从而针对性地选择产品来推广。

通过对各个榜单上的达人及商品的分析，找到上榜规律或者对标账号，然后对自己的内容及选品作出调整。

总之，对于平台大盘数据分析功能来说，飞瓜数据非常全面，其优势如下：

（1）可以同时运营多达 200+ 个账号。

（2）多维度排行榜可以提供 30+ 个垂直领域的行业排行榜，对于竞品分析很有帮助。

（3）还可以挖掘热卖商品及其带货账号，对于商家做营销具有较大参考作用。

但是飞瓜数据的免费功能十分有限，如果要发挥更大的作用，需要购买会员，会员费用每年将近 3000 元，对于专业的短视频代运营公司或者需要通过短视频带货的电商公司来说，适合购买会员使用，对于一般运营者，使用其基本功能就可以了。

二、短鱼儿

功能与飞瓜数据大同小异，都是基于主流短视频平台提供比平台本身更全面的数据服务，优势是有小程序版本，使用起来十分方便，基本功能有以下几点。

（1）获取抖音账号每日数据表（数据表现及粉丝数量）。

（2）热门视频和热门音乐追踪。

（3）进行几个抖音号之间或者视频之间的数据对比。

（4）获取抖音红人榜、粉丝榜、新锐榜、掉粉榜。

短鱼儿也分为免费版和会员版，有两种会员等级，价格为 299 ～ 598 元 / 月不等。

三、卡思数据

卡思数据是视频全网大数据开放平台，监测的平台包括"抖音""快手""B 站""美拍""秒拍""西瓜视频""火山小视频"，主要功能包括：

1. 红人管理

特别适合 MCN 机构对旗下红人进行高效管理，以及对竞争对手进行对比研究。

2. 创意洞察

这部分功能和飞瓜数据以及短鱼儿差不多，包括对热门视频、热门 BGM、热门抖音话题以及平台热点进行追踪。

3. 商业变现指导

包括优化选品策略、挖掘广告创意，以及对内容舆情、分析质量、分析画像的多维度优化等。

卡思数据的数据沉淀期较长（从 2016 年开始抓取数据），因此数据质量比其他平台好，但是比较贵。

四、TooBigData

如果你既想查看丰富的抖音数据，又不想花太多的钱，那么 TooBigData 是一个不错工具。TooBigData 数据功能很丰富，汇集了抖音各大实用数据功能，包括最新行业资讯、抖音官方平台链接、热门商品、热门数据、账号诊断等实用工具。TooBigData 绝大部分的数据都是可以免费查看的，对于一般的用户足够了。像抖音热门带货数据，在 TooBigdata 上可以免费查看到 TOP100，如果是做淘客抖音号，可以多用一用。它的缺点是界面不太友好。

1. 数据分析工具都是大同小异，平时选择 2～3 个自己比较顺手的就行了。

2. 如果是专业的短视频运营公司或者电商公司，有必要购买会员版本，一般人用免费版就够了。

3. 除了上述工具，还可以去星图平台（star.toutiao.com）查看达人数据，尤其是对于一些广告主，在该平台可以查询合作账号以往广告视频的完播率和粉丝互动，以及佣金比例等数据，为合作提供数据参考。

同步训练

知识训练 ≫

1. 下列哪个数据平台是专门针对抖音数据分析的？（   ）[单选]

A. 西瓜数据　　　　　B. 卡思数据　　　　　C. 短鱼儿　　　　　B. TooBigData

2. 以下的数据工具中，有哪些对短视频数据分析有帮助？（   ）[多选]

A. 新榜　　　　　　　B. 今日热榜　　　　　C. 知微数据　　　　　D. 百度指数

3. 飞瓜数据中，热门素材有哪些？（   ）[多选]

A. 热门视频　　　　　B. 热门音乐　　　　　C. 热门话题　　　　　D. 热门评论

4. 仅从功能使用来看，你更喜欢哪个数据工具，为什么？

5. 飞瓜数据的"抖音商品榜"和抖大大的"抖音好物榜"有什么用？

6. 查看热门素材的目的是什么？

技能训练 ≫

"熟悉基本的数据分析工具"技能训练表，见表 5-9。

表　5-9

学生姓名		学　　号		所属班级	
课程名称			实训地点		

（续表）

实训项目名称		实训时间	
实训目的： 熟悉基本的数据分析工具。			
实训要求： 1.登录飞瓜数据、短鱼儿、卡思数据、Toobigdata 数据，查看各自的功能。 2.除了上述平台外，还有哪些工具或平台能够进行短视频数据分析，请至少列举两个，并归纳其特点。			
实训过程截图：			
实训体会与总结：			
成绩评定（百分制）		指导老师签名	

扫一扫下列二维码，下载实训表格。

任务 5-4　分析短视频账号数据 ▶

情景导入

　　阿伟接手的账号是做美食内容的，因此他先运用飞瓜数据的行业排行榜功能寻找了一些美食类的头部账号，又查看了涨粉排行榜和成长排行榜上的美食领域账号，最终确定了10个对标账号，将它们添加到收藏夹，以便随时观测和对标。另外，阿伟也查看了飞瓜数据中的热门素材，为下一步的内容优化做好准备。

任务目标

知识目标：

1.了解飞瓜数据排行榜的作用。

2. 了解飞瓜数据各个排行榜的特点。

技能目标：

1. 掌握查找对标账号的方法。

2. 掌握运用工具分析对标账号的方法。

思政目标：

1. 在选择对标账号时，能选择具备正确价值观的账号。

2. 在数据分析中，能做到大胆探索、小心求证。

4 学时。

步骤1 登录飞瓜数据—排行榜—涨粉排行榜周榜，查看排名前三的账号，如图 5-13 所示。

图 5-13

（资料来源：飞瓜数据抖音版）

步骤2 查看粉丝趋势图、点赞趋势图、评论趋势图，找出使其上榜的视频。

比如美食涨粉榜排名第一的"馋味小厨"，其涨粉、点赞、评论出现大幅增加的是 2 月 2 日这一天，如图 5-14 所示。

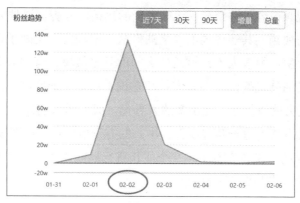

图　5-14

（资料来源：飞瓜数据抖音版）

结合后面的"近期 10 个作品表现"，确定引起数据大幅波动的就是 1 月 31 日发布的这条视频，如图 5-15 所示。

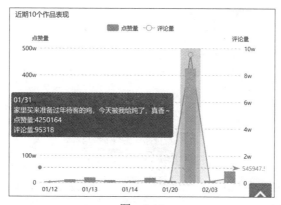

图　5-15

（资料来源：飞瓜数据抖音版）

步骤3 选择播主视频，根据刚才的数据找到该视频，如图 5-16、图 5-17 所示。

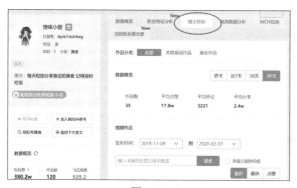

图　5-16

图　5-17

（资料来源：飞瓜数据抖音版）

步骤4 查看该视频内容，并结合评论中出现的热词，分析该视频火爆的原因。

比如刚才举例的视频，其热评词汇"猫油"从一定程度上反映了该视频火爆的原因，因为"猫油"比较陌生，很多人不知道是什么，而且很敏感，有些人会联想到虐猫，所以引起了关注，其实猫油就是蚝油，不知道是故意说错还是其他原因，总之一旦引起热评，就有机会被推送到更大的流量池，让更多的人看见，成为爆款视频，如图 5-18 所示。

步骤5 查看指数分析，进一步寻找评论中一些有价值的词，如图 5-19、图 5-20 所示。

步骤6 运用刚才的方法再查看 1～2 个成长排行榜的账号，注意爆款视频的标题、背景音乐、评论热词等都是需要关注的元素。

图 5-18

图 5-19

（资料来源：飞瓜数据抖音版）

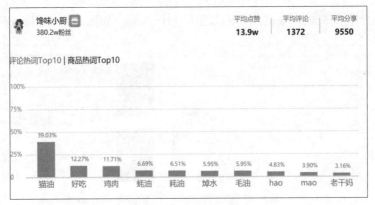

图 5-20

（资料来源：飞瓜数据抖音版）

要做好短视频数据的分析工作，一方面要经常分析对标账号的数据；另一方面要及时关注自身的数据。不管分析哪方面的数据，都要注意，重要的不是用什么工具，而是如何使用工具，并通过工具获得到什么样的数据，以及通过数据我们得出的结果。

一、对标账号数据

1. 头部账号

一个账号之所以能成为一个领域的头部账号，长期在某个平台保持较高的排名，其运营之道一定会有很多值得参考的地方。

2. 内容、领域、排名相近的账号

"没有对比就没有伤害"，而且越是看起来近似的两个个体，其对比"伤害"就越大。如让我们寝食难安的，往往不是马云的财富又增加了多少亿美元，而是邻居的收入又增加了几百元人民币。所以，内容、领域、排名相近的账号，属于我们的直接竞争对手。在同一起跑线上，怎样才能比对手做得"更高、更快、更强"一些？这需要我们时刻关注对手动态并多做些基础上的分析工作。

3. 垂直类数据表现突然异常的账号

我们不仅仅要时刻关注自己的账号在运营过程中的异常表现，同时也得关注竞争对手的异常运营表现。它究竟是如何突然就蹿红了？是作品质量获得了提升，是运营方法不断改进，还是突然获得官方的流量加持？有没有我们可以借鉴的地方？这些思考和分析都会对你的短视频运营起到很大的帮助。

二、飞瓜数据

通过飞瓜数据，我们可以及时查看自身账号和对标账号的数据。自身账号的数据主要关注各项数据指标、粉丝画像及评论热词，并结合热门素材进行优化，如图 5-21 所示。

此外，还要经常查看各类排行榜，及时找到该领域内的优质账号和优质视频。飞瓜数据的排行榜分为行业排行榜、涨粉排行榜、成长排行榜、地区排行榜和蓝 V 排行榜，如图 5-22、图 5-23 所示。

图 5-21

图 5-22

其中行业排行榜、涨粉排行榜以及成长排行榜均按照行业分类，可以查看 33 个行业大 V 的日榜、周榜和月榜，免费版可以查看排名前 30 的账号，付费版本可以查看更多；如果你运营的账号有地域特点，那么地区排行榜也很有参考价值，如本地旅游账号，方言账号等；如果你运营的是企业蓝 V 号，也可以参考一下蓝 V 排行榜，如图 5-24 所示。

总之，查看排行榜可以帮助我们找到同类型的优质账号，从中吸取经验，进而使我们更有方向，如图 5-25 所示。

图　5-23

图　5-24

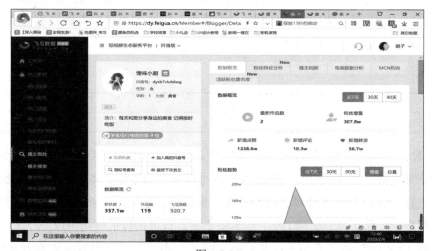

图　5-25

三、分析"Dou+"数据

1. 正确认识"Dou+"

在投 Dou+ 之前,我们一定要明白,这是一款助推工具,不是竞价推广工具,也不是直通车,不是说花了钱,你的视频就一定能爆,而是当你的视频有爆发的潜力时,用 Dou+ 助推一把,让它爆得更彻底。

我们用 Dou+ 是因为它有这样几个优势。

(1)更安全。Dou+ 是官方工具,不是第三方工具,不存在账号被降权或封杀等风险。

(2)更方便。只要是正常的,能过审的内容,都可以直接进行投放,操作简单,费用很低。

(3)更精准。Dou+ 支持定向推广,你可以对人群进行细分投放,还可以选择达人相似粉丝投放,人群更加精准。

(4)更可控。对于代运营的企业来说,在向甲方提供运营方案时,Dou+ 的效果更可控,如代运营期间,假设每月投放 100 元的 Dou+,预计增长至少 5000 次的播放量。反过来,如果你的账号是委托给代运营公司的,你也可以根据这个价格判断它们的运营方案。

2. 怎么投放"Dou+"

(1)选择有爆发苗头的视频。视频和投放时机的选择很关键,千万不要随便选个视频或随便投放。如果视频上传后短时间内(比如 3 小时内或 5 小时内)出现了快速涨粉或者涨评论的情况,当然这些评论是正向的评论,而不是骂你的评论,那么是时候用 Dou+ 助推一把了。

在抖音平台,影响一个视频能否上热门的主要因素有 4 个,按照优先级排序依次是完播率、点赞率、评论率、转发率。再结合我们通过大量的实操总结出来的经验,发现适合投放抖音 Dou+ 的视频,时长最好在 15 ~ 30 秒内,因为这样可以有效地提升完播率,而且该视频最好在发布后 24 小时内满足以下条件,见表 5-10。

表 5-10

点赞率	评论率	转发率
5% ~ 10%	1% 左右	1% 左右

(2)投放步骤。在投放"Dou+"的时候,建议分为三个阶段去推——首推、补推和尾推。

首推非常重要,能够在短时间内迅速积累可以参考的数据样本,为后续的投放提供数据支撑。并且"Dou+"在视频发布初期投放效果最好,越往后效果越不明显,一旦错过了视频助燃黄金期,那么再怎么用 Dou+ 都无济于事。首推的投放时间可以是"上午 11 点左右投放时长 12 小时"或"下午 5 点左右投放时长 6 小时",金额方面就要看经验了,如果是新号，建议先用 100 元试水，如图 5-26 所示。

根据前面累积的数据，如果涨势稳定或者增速，我们要马上进行第二个阶段的补推，补推的金额也可以参考之前的数据，如果涨势稳定，那么和之前的投放金额差不多，如果增速，那么加钱。

第三阶段的尾推，视情况而定，如果第二阶段到后期数据已经平稳，那么就没太大必要进行尾推了。

另外，还要说一下，如果是做抖音带货，当"Dou+"金额消耗 30% ～ 50% 时，建议查询一下产出佣金。若产出大于消耗金额，可以等待结束后再算一下投产比；若产出小于消耗金额，可利用隐藏视频的方式中止投放，从而节约成本，获得更高的 ROI（投资回报率）。

3. 如何评价"Dou+"效果

图 5-26

（资料来源：抖音APP）

我们以"100 元 5000+"为基准，即投入 100 元，达到 5000 次播放增量是基本要求，如果达不到这个基本要求，或者刚刚达到，都说明效果不好，不适合继续投放。如果首推投入比较大，短时间内数据不理想，就马上将视频设置为隐藏，及时止损，剩余的金额会返回账户。

如果增量超过了 5000，我们要看看到底超过了多少，超得越多，当然效果越好。

另外，如果投放"Dou+"的是带货视频，那么转化率就变为评估的主要指标，如你投了 100 元，虽然播放量没有特别爆，点赞评论等互动情况也不理想，但是转化率非常高，那也是值得的。

总之，在投放"Dou+"时，要做到"有选择地投"和"结合数据表现投"，千万不要盲目砸钱。

经验分享

1. 查看飞瓜数据的目的是寻找一些优质的对标账号，以及一些爆款视频的火爆原因，再对比自己的视频，找出差距，并且尝试灵活运用爆款视频以及对标账号的方法改进视频，获得更好的数据表现。

2. 切忌过分依赖工具和数据，一定要结合自己和团队的经验和思考。

3. "Dou+"工具属于"锦上添花"的操作，其作用是让好的内容有机会被更多人看到，完全依赖"Dou+"打造爆款视频的想法是不现实的，更不要选择画面质量差或者有版权争议的视频投放"Dou+"。

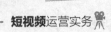

同步训练

知识训练 >>

1. 查看排行榜的目的是什么？（　　）[多选]

A. 找到对标账号，或者是参考对象

B. 看看谁是行业大佬，有什么值得学习的地方

C. 看看自己在该领域所处的位置，从而激励自己、不断进步

D. 看热闹

2. 李立负责抖音平台一个健身类短视频账号的运营，他发现最近发布的视频反响一般，但竞争对手却爆了几个视频，于是通过飞瓜数据寻找二者差异，他需要看竞争对手的哪些数据？（　　）[多选]

A. 内容是否含有热门元素

B. 热评及热评词

C. 点赞量、评论量、转发量等基础数据

D. 视频中的产品是否是热门产品

3. 如果想知道自己的抖音号粉丝都有什么特征，他们一般在什么时间段会刷视频，应该使用飞瓜数据的哪个功能？（　　）[单选]

A. 排行榜

B. 电商数据分析

C. 热门素材

D. 粉丝特征分析

4. 飞瓜数据中，"视频带货力诊断"功能有什么用？

5. 小王是抖音上一个穿搭视频的播主，他最近发布的好几条视频播放量都在 3000 次左右，但竞争对手的视频仅点赞就有 2000 多，于是他想通过数据工具找出对手视频的可取之处，从而改进自己的视频内容，他应该怎么做？

6. 选择一条视频，投放"Dou+"，并结合数据表现，评估投放效果。

技能训练 >>

"分析短视频账号数据"技能训练表，见表 5-11。

表　5-11

学生姓名		学　号		所属班级	
课程名称			实训地点		
实训项目名称			实训时间		
实训目的： 掌握运用数据分析短视频内容的方法。					
实训要求： 1. 登录飞瓜数据—排行榜—涨粉排行榜周榜，查看排名前三的账号。 2. 查看粉丝趋势图、点赞趋势图及评论趋势图，找出使其上榜的视频是哪一个？ 3. 查看该视频的内容，并结合评论中出现的热词，分析该视频火爆的原因。 4. 查看指数分析，进一步寻找评论中一些有价值的关键词。 5. 运用刚才的方法再查看 1 ～ 2 个成长排行榜的账号，注意爆款视频的标题、背景音乐、评论热词等都是需要关注的元素。					
实训过程截图：					
实训体会与总结：					
成绩评定（百分制）			指导老师签名		

扫一扫下列二维码，下载实训表格。

6 项目 6 短视频引流与变现

随着短视频市场的迅速崛起，短视频平台的引流变现模式层出不穷，如何让短视频高效引流、成功变现是运营者首要思考的关键问题。内容、平台和渠道是短视频引流成功的关键，对于运营者来说，当引流成功之后又该如何进行变现和盈利呢？

项目提要

本项目以抖音平台账号运营为例，从内容引流和平台推广引流出发，帮助大家掌握引流技巧，快速成为短视频引流达人。而对于一个成功的短视频运营者来说，引流成功之后还有更关键的一步，那就是变现，本章将从 5 个方面来介绍短视频变现的秘诀，帮助大家通过短视频轻松盈利。

项目思维导图

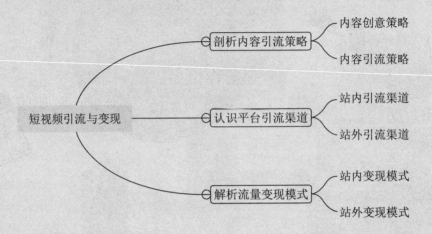

短视频引流与变现
- 剖析内容引流策略
  - 内容创意策略
  - 内容引流策略
- 认识平台引流渠道
  - 站内引流渠道
  - 站外引流渠道
- 解析流量变现模式
  - 站内变现模式
  - 站外变现模式

引例

　　小李是一家自媒体公司运营部的职员，以前小李主要负责微信公众号运营，但最近由于短视频大热，公司开始承接短视频业务，小李的主要工作内容也发生了改变。他现在主要负责的是几个短视频平台的引流与变现工作，给初级运营者提供一些运营原理和实践经验方面的指导。那么，小李现在首要的任务就是自己先经营一个短视频账号，从打造爆款内容，进行平台推广，再到流量变现。

　　小李打算先从基础知识学起，首先掌握内容吸粉的技巧，再探索平台推广的常用渠道，比较各个平台引流渠道的优缺点，找到适合自己平台吸粉引流的方法，最后，在拥有一定数量的粉丝之后，进行流量变现。当然，流量变现也要根据平台的特点和自己的条件，寻找最适合自己的流量变现方法。小李打算先从经营一个抖音号开始，将自己学到的吸粉变现知识应用到实践中。

建议学时

　　12 学时。

任务 6-1 剖析内容引流策略 ▶

通过学习，小李了解到很多短视频头部号的运营者都主张"内容为王"，要打造爆款内容，创意、用户思维、团队建设等都是必不可少的。小李针对这几项做了深入研究后，终于达成了初步引流的目的。

知识目标：

1. 了解短视频内容引流的策略。

2. 熟悉抖音短视频内容吸粉引流的方法。

技能目标：

1. 能够按照自己的短视频内容类型，选择合适的内容引流技巧。

2. 能够在进行短视频内容引流时，适应各主流平台的规则。

思政目标：

1. 对站内外引流策略剖析时，一定要客观分析，认真总结经验。

2. 对站内平台的引流策略要做到深入探索，实事求是。

4 学时。

步骤1 打开并登录抖音 APP，点击页面右下角"我"图标，进入下一级界面，如图 6-1 所示。

（a） （b）

图 6-1

步骤2 点击"设置"图标，如图 6-2 所示。

步骤3 点击"通用设置"按钮，如图 6-3 所示。

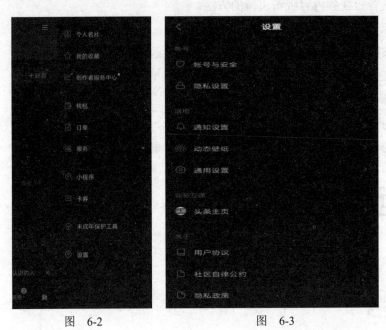

图 6-2 图 6-3

步骤4 点击"动态封面"按钮，显示为绿色，就表明设置完毕，如图 6-4 所示。

步骤5 选择合适的动态封面上传，再搭配恰当的动态短视频标题。抖音的短视频时长分为 15 秒和 60 秒，想要在短时间内迅速吸引用户点击，好的标题必不可少，抖音短视频的文案不适合长篇大论，一句话即可。好的文案设计可以从以下几个方面着手：①互动类提问，抛出一个有争议的话题，吸引用户评论。②具有悬念类的表情、语气要夸张。③搞笑的段子。如图 6-5 所示。

图　6-4　　　　　　　　　　　　图　6-5

步骤6 点击发布，即可成功发布抖音动态短视频封面。

一、内容创意策略

　　创意是任何形式作品的灵魂，但从目前的情况来看，大量同质化的内容充斥着平台，观众逐渐进入审美疲劳期，很多创作者也因为灵感枯竭只能抱憾离开。对于创作者来说，在短视频的运营过程中，最困难的莫过于内容创意。那么在我们的日常生活中如何捕捉创意呢？

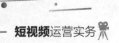

1. 注意生活中隐藏的创意点

生活是创意的源泉。只要我们认真观察生活中的一些小细节，就会产生很多创意的灵感。比如你和朋友的对话，和家人的相处，你在宿舍的趣事等，都能提炼出很多有趣的创意，关键看你是不是能及时记录下这些创意，并且不断地思考和提炼。

2. 训练自己的"网感"

此外，要多刷视频，关注目前的网络热点和爆款话题，训练自己的"网感"，对于一些热门的视频，要注意分析热门的点在哪里，考虑能不能利用其核心热点进行二次创作。

3. 进行头脑风暴

很多广告公司在开会时，都会鼓励员工进行头脑风暴，会议主持人会引导大家主动发散思维，鼓励大家将自己的想法大胆地说出来。头脑风暴的实质就是让创作人员进行讨论，大家在讨论的过程中，不断迸发出新的思维火花，并互相碰撞，产生奇妙的"化学反应"。将这些有创意的思维串联起来，就会形成新的创意。但是需要注意的是，最终的创意是遵循一定规则的，并且是具有可实施性的，天马行空的创意虽然看起来很美，但是如果无法达成的话，就只能沦为空想。

4. 用户思维

在创作爆款短视频时，除了创意就是要坚持以用户的思维思考问题，能否满足用户需求，才是检测短视频好坏的唯一标准。只有满足了目标用户的需求，才能被认同。那么如何抓住用户的需求呢？马斯洛需求层次理论中将人的需求归纳为 5 类：生理需求、安全需求、社交需求、尊重需求和自我需求。其中生理需求是最基础的，自我需求是最高级的，如图 6-6 所示。

图 6-6

我们要善于发现人的表面需求和潜在需求，简单的生理需求和安全需求都不足以成为爆款素材，只有触碰到人的社交需求、尊重需求以及自我需求，才有机会成为爆款。

就比如说吃东西，现在很少人吃东西只是为了填饱肚子，而是要吃得健康，吃得精致，吃得有仪式感，要通过"吃"感受生活的美好，感受自我的尊重，或者是感受人与人之间的友好互动，这些才是人们对"吃"这件事的潜在需求。

另外，"七宗罪"也对我们洞察用户思维有帮助。其实每个人或多或少都有"七宗罪"的影子，现在很多的互联网产品也正是了解并正视了这些人性的弱点和欲望，而成为人们生活中离不开的一部分。我们的视频也一样，如果能正确利用"七宗罪"反映出的人性，也是很好的爆款素材。比如懒惰，如果你的视频将人们的宅、拖延症、选择困难、从众等这些懒惰的表现呈现出来，观众会觉得："哎，没错呀，我就是这样"从而引起共鸣。再比如暴食，很多受欢迎的吃播视频正是满足了人们对美食的幻想。如图 6-7 所示。

人性"七宗罪"	外 在 表 现	内 在 需 求
懒惰	想方设法减少体力消耗和减少脑力消耗。比如宅、怕麻烦、不想思考、拒绝新事物、拖延症、依赖、从众、选择困难等等。是七宗罪里外在表现最多的一个	简单、自动化、可选择少、不改变习惯、展示内容少、操作步骤少、所见即所得、开箱即用、功能精简、内容分类展示等等
贪婪	用尽可能小的投入获得尽可能大的回报。比如赌博、占小便宜、侥幸心理、猎奇、投机、不知满足等。普通人的贪婪主要还是对物质、钱财上的追求，但是也有对权力、地位等精神层面上的贪婪	抽奖、赠品、折扣、收益率、优惠券、积分等。基本上满足人们投机、占小便宜心理的产品都不缺市场
暴食	大快朵颐、色香味、美食幻想、盛宴、吃货	琳琅满目的食品、地域特色、美食画面、珍贵食材、祖传秘方、健康、米其林等
色欲	偷窥、诱惑、香艳咸湿、男神女神、幻想	带有性暗示或者性诱惑的文字、图片、视频等
傲慢	寻赞、炫耀、哗众取宠、逞强、希望出人头地、渴望被奉承	排名、人气、美化、晒、限量、VIP、饥饿营销、个性化定制、粉丝群等
嫉妒	各种比较、讽刺挖苦、恶搞、冲动消费、争强好胜、八卦等	排名、人气、评论、屏蔽拉黑、推荐、比分等
暴怒	摔打东西、嘶吼、指责、抱怨、争吵、打架、痛哭、冷战、批评等	提供安全、合法的发泄途径

图 6-7

二、内容引流策略

1. 紧跟热点

对于那些可预见的热点，如节日、纪念日、大型赛事，要提前布局，使影响最大化。而对于一些随机的热点，如抖音的热门音乐、热门话题，我们应当及时借助适当的工具，比如飞瓜数据，进行获取。在这个过程中，要不断积累和建立自己的素材库，才会更容易制作出热点视频。

2. 固定更新时间

尽量稳定自己的更新频率，固定更新时间，这样既可以保证账号的活跃度，同时也能培养用户的阅读习惯，增强粉丝的黏性。

3. 重视标题、封面、话题和"@"功能

好的标题和封面，能增加视频被打开的概率。在标题撰写方面，可以采取引导策略（引起用户的争议或共鸣而评论、转发、点赞等）、预告策略、悬疑策略（见图 6-8）以及互动讨论策略（如留一个小问题）。

在封面图的设计方面,应当配合标题和内容,将主题展示出来,让人看到就能产生兴趣,并且尽量做到风格统一,有自己的特色,如图 6-9 所示。

图 6-8　　　　　　　　　　　图 6-9

（资料来源：快手"补屋小圆"）

另外,发布视频要做好分类,加上相关标签,带上一个到两个热门话题,并且"@"该行业的大 V 或者抖音小助手,会有一定的概率增加推荐量,如图 6-10 所示。

4. "神评论"引流

评论区是粉丝互动的主战场,互动除了来自视频内容本身以外,还常常源于一条"神评论",如图 6-11 所示。

图 6-10　　　　　　　　　　　图 6-11

作为运营者，不能守株待兔，被动地等待神评论的出现，而是提前准备几条评论，用其他的账号发表，引发大家跟评和互动。

5. 设计互动玩法

（1）从消费场景或者使用场景入手，设计互动玩法。"答案茶"的例子就很好地诠释了这一点。"答案茶"的卖点是可以占卜，对消费者的直接好处是好玩儿和有新鲜感。所以，在做内容时，需要突出的就是消费者在喝这杯奶茶前占卜的过程，而这种过程产生的仪式感正是"答案茶"区别于其他茶饮品牌的关键。

此外，观众的互动、转发、二次创作引起的持续发酵，才是真正引爆一个产品的关键。例如，不少消费者通过拍抖音晒出自己购买了抖音同款"答案茶"后获得的答案，也能引起二次传播。所以，在产品初现走红趋势时，企业可以考虑在运营方面推波助澜和造势，这样可能会让效果再提升一个量级。

（2）和达人联手，用达人的力量带动更多人参与。最常见的是在达人视频中植入产品，也可以自行发起挑战邀请达人参与，或者线下和达人一起参加品牌活动。这种方式常常以热门话题为导向，简单粗暴，直接就能看到效果，难点在于活动的主题该怎样设计。

比如必胜客就通过邀请达人到店体验会下雪的比萨，发布带有该话题的视频，从而带动更多的人关注这款产品，如图 6-12 所示。

图　6-12

在线下必胜客也聚集了多名音乐人以及抖音达人举办以"黑 DOU 之夜"为主题的跨界晚会，这些潮人在现场进行"抖音 battle"，成功地将线下的热闹氛围传递到线上来。这样线上线下深度互动，参与者众多，发布的视频内容全都围绕着必胜客，起到了很好的引流效果。

经验分享

1. 短视频的动态封面设计不能触碰违规、违法内容，如色情低俗类和侵犯版权类的内容是绝不能设置成短视频封面的。

2. 在设置短视频标题时，文字的把握也要注意，首先要积极向上，不能带有消极负面的情绪；其次是内容与文字标题要密切相关，不能文不对题；最后文字标题要简短，各大平台的标题字数都有限制，如抖音是 55 个字符，如果标题太长，不易吸引受众点击。

同步训练

知识训练 >>

1. 打造爆款短视频的关键是（ ）。[单选]

A. 抓住用户的需求   B. 做好前期素材拍摄

C. 添加视频特效   D. 大规模推广

2. 第几人称叙事的手法更能提升用户信服感？（ ）[单选]

A. 第一人称   B. 第二人称   C. 第三人称   D. 以上三种都行

3. 短视频创作团队的建设，核心元素包括（ ）。[多选]

A. 工作场景   B. 工作理念   C. 工作人员   D. 工作技能

4. 为什么讲故事的视频表现形式更易让用户接受？

5. 在抖音平台，一般我们可以选择什么类型的动态图片做短视频封面？

6. 抖音的短视频时长是多少？如何让大量的用户在短时间内点击？

技能训练 >>

"剖析内容引流策略"技能训练表，见表 6-1。

表 6-1

学生姓名		学　　号		所属班级	
课程名称			实训地点		
实训项目名称			实训时间		
实训目的： 掌握抖音平台的动态封面和标题设置。					

（续表）

| 实训要求：
1. 登录抖音平台账号。
2. 按照脚本完成短视频内容的拍摄。
3. 上传短视频时，进行动态封面设计。
4. 结合内容特点和用户特点撰写短视频的标题。 |
| --- |
| 实训过程截图：

 |
| 实训体会与总结：

 |

成绩评定（百分制）		指导老师签名	

扫一扫下列二维码，下载实训表格。

任务 6-2　认识平台引流渠道 ▶

　　小李掌握了短视频内容引流的技巧之后，一开始运营很顺利，但是在一段时间后，他感觉涨粉遇到了瓶颈，推广的平台太少，并且自己也不知道各类短视频平台的特点，也就无法有针对性地进行平台引流。经过潜心研究之后，小李发现平台引流有几大渠道，且各个渠道在引流方面各具特色。

知识目标：

1. 了解抖音站内平台引流的方法。

2. 了解站外平台引流的渠道。

技能目标：

1. 能根据短视频类型进行站内引流。

2. 除站内引流技巧外，能选择合适的方法进行站外引流。

思政目标：

1. 在短视频平台引流中，能做到实事求是，制定合理的引流目标。

2. 及时记录短视频站内外引流的现存问题并分析原因。

4 学时。

步骤1 打开抖音，点开"我"，如图 6-13 所示。

步骤2 选择一个视频作品，点击右下方的图标，如图 6-14 所示。

图 6-13   图 6-14

步骤3 在打开的界面上，选择"上热门"图标，如图 6-15 所示。

步骤4 选择推荐设置，完成支付，如图 6-16 所示。

图　6-15　　　　　　　　　　　　图　6-16

一、站内引流渠道

1. 抖音平台

现在做短视频的人越来越多，尤其是抖音和快手这类头部平台。即使你拥有精彩的视频内容，如果只依靠系统推荐很难上热门，所以要借助站内平台的助力功能。这些助力功能主要包括以下几种。

（1）利用热点话题蹭粉。如果你的抖音号刚注册不久，那么较有效的一种吸粉引流方式就是蹭热点。例如，最近，微博较火的娱乐话题"罗志祥的时间管理"，粉丝对明星的八卦天生比较好奇，在制定发布话题时，可以将这个话题关键词在抖音的文案中加以体现。

（2）音乐标题与主题引流。在抖音平台中，内容生产者上传的音乐被人使用后，在引用音乐的下方就会有相同的音乐标题展示，这种捆绑的方式，可以将原创者的短视频内容投放在更多的账号当中，这样在无形当中曝光量就会稳定上升。

在抖音 APP 上传区域，有很多音乐主题模板，用户可以根据自己的喜好选择音乐进行短视频拍摄制作。除了具有音乐主题的功能之外，抖音 APP 还具有一些其他的小功能，如

图 6-17

滤镜、贴纸特效、短视频分享功能等，如图 6-17 所示。

（3）热门视频评论。我们可以经常在一些热门视频当中进行评论，如果能够使自己的评论被置顶效果更佳，但如果不能置顶，自己的评论也可能会被其他人看到，从而加大曝光量，起到引流的作用。

（4）Dou+ 平台推广。在选择短视频 Dou+ 投放时，投放标准里写得很清楚，一些触犯底线的内容，如侵权、营销、诈骗等信息，不予投放。而且即使符合投放标准，抖音系统也会进行筛选，因为既然客户已经投钱，那么就应该让被推广的短视频获得相应的引流效果，否则会影响用户继续投钱。一般投 Dou+ 的客户希望得到的效果包括三种：增加粉丝数量、提高与粉丝之间的互动频率和提高购物车点击率。根据想要达到的效果不同，抖音平台会将相应的视频自动推送给不同的目标用户。所以，从这个角度来讲，选择 Dou+ 平台进行引流，可以有的放矢地达到自己的目标。

但是我们使用 Dou+ 并不是为了暂时的数据增长，而是希望给自己账号的相关数据带来长期的增长。所以，如果你对短视频账号中的内容创作没有足够的信心的话，投放 Dou+ 就是一种资金浪费，实际意义不大。所以建议大家在使用抖音平台的 Dou+ 推广引流之前，先准备好以下工作：①筛选精品视频上 Dou+，不要随便拿一些短视频凑数，否则就是花钱买了一些播放量而已。②尽量选择一些自定义用户群，很多选择上 Dou+ 的用户实质是想推广自己的产品，选择自定义的用户群可以在推广引流时更加有针对性。③做好基础工作，及时回复粉丝的评论和留言，增加与粉丝之间的互动。

2. 快手平台

（1）使用双标题或多标题。相比抖音来说，快手的应用范围更加广泛，在各类短视频 APP 中也是下载安装用户数量最多的短视频软件。之所以具有这么高的下载量，是因为快手 APP 中的功能比较简单，容易操作，用户也可以根据自己的要求拍摄不同时长的短视频，最短 11 秒，最长 57 秒。在快手进行短视频推广引流时，为了帮助你更好地上热门，可以设置双标题或者多标题。

（2）做好短视频封面。快手页面上有很多视频的封面，我们往往都是通过浏览封面决定是否点击观看这个视频，可以说视频封面是一个"形象工程"，只有将"形象"设置得更吸引人，才能引起粉丝的观看兴趣。

（3）作品推广功能。打开快手 APP，在设置里面有"作品推广"功能，此功能下设有精准推广和作品快推两个板块，如图 6-18 所示。在精准推广模块，创作者可以按照自己的需求选择作品的推广方式，如果是常规类型的作品，以提升账号的粉丝量和互动量为目的，可以选择推广给更多的人的功能，如果你的快手账号已有一定数量的粉丝，只是想将作品置顶，那么可以选择推广给粉丝的功能。除此之外，也可以选择其他推广方式，如按效果计费或者帮他人推广。而"作品快推"功能，主要是针对创作者快手账号里的作品，一般发布 30 天以内的作品才可以进行快推。

图　6-18

3.微视平台

（1）挑战赛。在微视的"频道"设置当中，有"挑战赛"功能，作者可以选择自己感兴趣的比赛主题，它是一种擂台赛的形式，参赛者只要在比赛截止日期前，获得较高的票数即可赢得比赛。通过这种方式，不仅可以提升自己作品的影响力，还可以在参赛过程中学到更多引流的技巧，如图 6-19 所示。

（2）音乐榜。在"精选频道"中，有音乐榜栏目，作者可以选择自己感兴趣的音乐主题，点击进去，然后选择参赛。音乐榜每周一 18：00 更新，分为周榜和月榜，每周选出 30 首歌曲。参与者只需点击"参与"按钮，然后拍摄自己的短视频作品上传即可参赛，如图 6-20 所示。

图　6-19

图　6-20

4.西瓜视频平台

西瓜视频隶属于今日头条，它是今日头条的一个分支产品，在内容的推荐方面，使用算法机制，基于两者的联系，运营者可以充分利用今日头条的优势进行短视频分享和推广活动，以便充分发挥二者之间的优势。

（1）合辑功能。合辑功能主要是指视频的集合功能，运营者将相关视频进行有机组合，融入创作者的思想，以一定的主题进行发布。这里面涉及的短视频素材，可以是原创，也可以是从互联网下载而来，但不能原封不动地照搬，需要运营者对其进行一定的改造。在整理完毕短视频之后，运营者可以给短视频添加一个主题名称，这个主题名称更加有助于短视频内容的推广与运营。

（2）"金秒奖"活动。在西瓜视频 APP 发表的短视频可以参与"金秒奖"评选活动。凡是参与评选活动的短视频，不管在内容还是短视频的画面构图和后期制作方面，都具有很高的品质。如果能被评选上一定的奖项，那么就会对后续的推广活动大有助益，但如若评选不上，也可以通过参与此次活动，不断提高短视频的创作水平。

（3）西瓜视频平台多样化的推广活动。西瓜视频为了提升平台中短视频的推广效果，积极推进多方面的营销活动尝试。2019 年，西瓜视频微综艺以"点亮你的碎片时光"为活动主题，设置人文记录、情感观点和明星娱乐三档比赛栏目，用户可以参与比赛，或者主动分享各比赛主题中的短视频，平台会根据用户的分享成果，奖励相应的社交货币，以此方法不断激发用户的分享、讨论和互动的欲望，最终实现整个营销活动的效益最大化。如图 6-21 所示。

图　6-21

二、站外引流渠道

1. 微信朋友圈

在众多的社交应用中，大家使用率最高的就是微信，朋友圈自然也成为流量重地。虽然朋友圈中都是自己熟悉的亲朋好友，与其他平台相比，传播的范围相对较小，但是正因为是熟人圈子，所以传递的信息更容易产生信任感，对用户能产生较大的影响，这一优点是其他平台所不具备的，如图 6-22 所示。

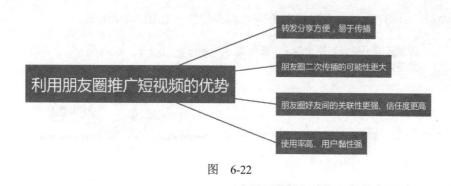

图　6-22

在朋友圈进行视频推广时，要注意以下事项：

（1）画面的美观性。因为朋友圈的短视频封面是不能自由设置的，所以用户在上传时，要尽量保证每一帧画面的美观性，建议运营者可以通过添加字幕的形式，在视频开头进行设置，以此方式保证视频封面的美观性。

（2）文案的精准性。这里的文案主要是指与短视频配套宣传的文字描述，如图 6-23 所示。这样的设置，主要是让用户了解短视频的简要信息，除此之外，文案编辑得好，也能快速吸引用户的眼球，让用户主动点击观看。

图　6-23

（3）充分利用评论功能。发布完短视频之后，要充分发挥朋友圈的评论功能进行进一步的宣传。因为文案编辑如果自述太多会被微信平台折叠起来，所以将一些重要信息放在评论区，更容易被看到，这是常见的朋友圈推广技巧。

2. 微信公众号

微信公众号具有用户基数大、推送精准和阅读量稳定的特点，比较适合品牌形象建设，运营者可以通过长期的短视频内容传播构建自己的品牌。

在微信公众号平台中，运营者可采用两种常用的形式进行推广，分别是"标题＋短视频"和"标题＋文本＋短视频"，但不管采用哪种形式，都要以清楚表达短视频的主题思想和内涵为基础，不能只为了博人眼球而沦为"标题党"，如图 6-24 所示。

家里还剩一碗饭？换个做法、酥酥脆脆更好吃！

罐头视频 昨天

一个罐头 一种生活

00:27

我怀了，我变了，大家都变了

papi papi 1月20日

点击上方
蓝字

大家或许还记得
我怀孕了

怀孕之后
会发生很多的变化
比如说……

04:45

（a） （b）

图 6-24

3. 微信群和 QQ 群推广

微信和 QQ 是人们常用的即时通信软件，除了能与联系人建立一对一的聊天对话框之外，我们还会加入很多群组，不论是微信群还是 QQ 群，只要成员不屏蔽群消息，就可以及时收到相关信息。

在微信群，成员大多是因为一个共同的爱好或者目的才会进入一个群组，所以在群中推广短视频时，就要考虑你的视频内容是否与大部分成员的信息获取意愿相匹配，如果无法直接匹配，要巧妙地建立联系，如在一个公务员备考群，想推广穿搭类的短视频，就要配上和公务员相关的文案，如"公务员面试时，怎么穿才能让面试官有好感？"甚至有时候需要重新剪辑和包装你要推广的视频。

但是微信群有一个弊端，就是需要群名片推荐或群主同意才可以进群。而 QQ 群的门槛相对较低，更易于运营者操作使用。QQ 群具有很多热门的分类，运营者可以根据自己的需求，按照一定的条件进行查找，然后添加进去，如图 6-25 所示。

在 QQ 群中推广短视频时，运营者可以在群中发布一些大家感兴趣的话题，吸引潜在用户的注意力，如在 PS 技能群中，提出具有难度的一些修图技巧，激起大家讨论的热情，引导大家进行讨论，然后再适时分享一些修图短视频，供大家参考学习。

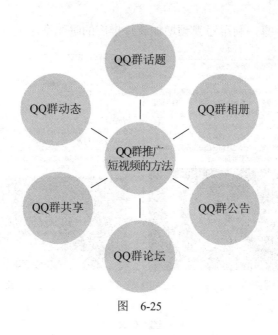

图   6-25

4. QQ 空间

首先，运营者可以建立一个与短视频内容相关的 QQ 账号，这样在 QQ 空间发布的内容才更有针对性。

一般来说，QQ 空间推广短视频有 7 种常见的方法。

（1）在 QQ 空间发布短视频。直接在 QQ 空间发布短视频，这样好友在打开 QQ 动态之后就可以点击观看、评论或者转发你的视频。

（2）在 QQ 认证空间推广。订阅与产品相关的人气认证空间，在更新状态时可以马上进行评论。

（3）在 QQ 空间生日栏推广。通过"好友生日"栏提醒好友，引导好友查看你的状态。

（4）在 QQ 空间日志推广。在日志中放入短视频账号相关资料，吸引受众关注。

（5）在 QQ 空间说说推广。将 QQ 签名同步至说说上，用一句话吸引受众关注。

（6）在 QQ 空间相册推广。很多人在加好友时会查看相册，所以相册也是一个引流工具。

（7）利用 QQ 空间分享推广。利用分享功能传递短视频信息，好友点击标题即可观看。

5. 微博

在微博平台进行短视频流量引流，一定要充分利用微博的 @ 功能引导用户进行话题讨论。微博的 @ 功能主要指在微博短视频内容推送时，要配备一定的软文，在软文中可以使用 @ 功能，如 @ 某媒体、某明星、某企业等，如果被 @ 的对象能够回复自己，或者转发微博内容，那么短视频就会得到更多粉丝的关注。如图 6-26 所示，电视剧《奈何 boss 要娶我》，在自己的官方微博中推广新剧预告片，然后 @ 相关演员和主播平台，引导相关官方微博进行转发和分享，利用短视频增加新片推广的曝光率。

（a） （b）

图 6-26

1. 抖音是一个内容平台，记录美好生活的优秀短视频每天都会有上千条，抖音一般是依靠强大的算法来自动识别内容的优劣，劣质的内容会被识别并被限流，甚至会遭到封号，所以在选择上抖音 Dou+ 时，一定要选择优质的短视频内容。

2. 推送 Dou+ 的短视频中不能出现电话、微信号、QQ 号、二维码、微信公众号、地址等信息，除此之外，短视频内容的标题中不能出现标题招揽、视频口播招揽、视频海报或传单招揽、价格信息、标题产品功效介绍等。

知识训练 ≫

1. 在抖音平台中，能够助力引流的功能包括（ ）。[多选]

A. 利用热点蹭粉 B. 音乐标题引流

C. 热门视频评论 D. Dou+

2.（ ）APP 推广平台主打音乐型短视频。[单选]

A. 快手 B. 抖音

C. 腾讯 D. 爱奇艺

3. 短视频在哪个平台推广时用户基数大、推送精准、阅读量稳定？（　　　）[单选]

A. 抖音　　　　　　　　　　　　　B. 美拍

C. 微信公众号　　　　　　　　　　D. 西瓜视频

4. QQ 群推广短视频的方法都有哪些？

5. 微视推广短视频的技巧包括哪些？

6. 美拍 APP 的特征包括哪些？

技能训练 》》

"认识平台引流渠道"技能训练表，见表 6-2。

表　6-2

学生姓名		学　号		所属班级	
课程名称			实训地点		
实训项目名称			实训时间		
实训目的： 掌握抖音平台的 Dou+ 推荐机制，能根据视频的推广数据效果给出优化建议。					
实训要求： 1. 以小组为单位，制作一条内容精致的短视频。 2. 用一个抖音账号上传，然后进行 Dou+ 推广涨粉。 3. 上热门之后，记录短视频转发量、阅读量等数据指数的变化，为下次上 Dou+ 热搜做准备。					
实训过程截图：					
实训体会与总结：					
成绩评定（百分制）			指导老师签名		

扫一扫下列二维码，下载实训表格。

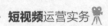
任务 6-3　解析流量变现模式 ▶

　　小李在对短视频内容和平台引流充分了解之后，遇到了新的问题，即如何在吸粉的基础上将流量变现？毕竟盈利才是短视频运营的最终目的。通过查阅资料和请教身边有经验的运营者，小李发现，常见的流量变现包括渠道分成、商业广告、订阅打赏、内容电商和知识变现。最后，小李决定在自己的抖音账号中，进行内容电商盈利方式的实践。

知识目标：

1. 了解流量变现的常用方法。

2. 了解不同流量变现的优缺点。

技能目标：

1. 根据自己的短视频内容和推广状况选择合适的流量变现方法。

2. 在抖音平台进行流量变现操作。

思政目标：

1. 流量变现要实事求是，精准变现。

2. 有独立的判断能力，能客观对待流量变现过程中出现的问题，不盲目相信。

4 学时。

操作步骤

步骤1 打开抖音软件，进入主界面，点击"我"，如图 6-27 所示。

步骤2 跳转页面之后，点击右上角，如图 6-28 所示。

图　6-27　　　　　　　图　6-28

步骤③ 找到创作者服务中心，点击进入，如图 6-29 所示。

步骤④ 进入"创作者学院"界面，找到"商品分享"按钮，如图 6-30 所示。

步骤⑤ 点击"商品分享"按钮，仔细阅读申请的条件，若自己的抖音账号符合这一功能，即可申请认证，开通"商品分享"功能，如图 6-31 所示。

图　6-29　　　　　　　图　6-30　　　　　　　图　6-31

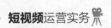

一、站内变现模式

抖音的商品分享功能也被称作商品橱窗功能，它通过抖音和淘宝合作的方式，将抖音的粉丝或者浏览的用户引流到淘宝店铺当中，实现流量变现。创作者开通商品分享功能之后，在抖音账号当中就会出现"TA 的商品橱窗"的黄色字样，粉丝或者观看者就可以通过点击它进入抖音的商品橱窗里面，用户再次点击相关产品就可以跳转至淘宝店链接当中，这样用户就可以进行在线购买商品。

开通"商品分享"功能以后，网红主播就可以在抖音平台售卖自己的商品，很多在抖音平台卖货的网红，盈利十分可观。抖音商品分享功能，可以在抖音后台进行设置开通，拥有淘宝店铺的创作者，在申请时，通过率会更高一些。如果申请成功，就要使用该功能，若超过两周不使用，则商品分享功能会被取消。

二、站外变现模式

根据艾瑞咨询平台的数据分析，"未来 1～2 年内，短视频平台将开放大量的商业机会，流量变现带来较大的市场规模增长，与此同时随着短视频内容营销质量的不断提升，内容变现也将出现较大机会。预计 2020 年短视频市场规模将超 300 亿元。"近年来，短视频逐渐进入人们的视野，并且受到人们的追捧。越来越多的人开始注意到短视频领域所存在的诸多红利，只有获得源源不断的资金支持，才能促进短视频内容的生产，如图 6-32 所示。

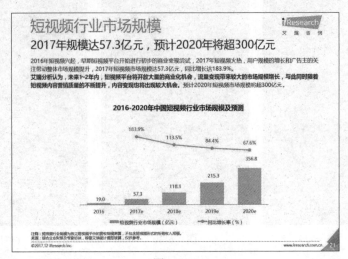

图　6-32

1. 渠道分成

渠道分成是很多短视频创作者初期盈利的最直接来源。例如，我们常见的今日头条、B 站等平台，都设置了创作者激励机制，会根据视频的影响力，给予创作者一定的激励金。对于一个短视频创作和运营团队来说，要考虑到自己的短视频内容和发布渠道的关联性，选择更加合适的渠道进行发布，会更容易拿到平台的激励金。

（1）首发平台选择。以今日头条的短视频为例，它采取的就是算法系统推荐机制。根据用户的数据记录，个性化的内容推荐算法会根据用户的喜好个性化的推荐视频。但是，像搜狐视频、腾讯视频和爱奇艺视频都是人工推荐的机制，好的视频推荐位都被各大卫视影视剧和综艺节目的频道内容霸占。对于小成本制作的短视频内容不适合在这类渠道进行发布。相比之下，今日头条短视频平台，可以通过查看数据分析用户的反馈，找出最吸引用户的短视频内容，所以今日头条的算法推荐机制对很多创业初期的短视频团队来说，具有很大的优势。

（2）扩大平台选择的范围。渠道分成是很多创业团队初期最直接的分成来源，所以只要能，盈利的平台都应该分发短视频，分发平台越多，盈利的概率就越大，但是，在广撒网的同时，还要加入一些运营技巧。由于各个平台对于短视频的形式要求不同，所以在短视频内容分发的过程中，要根据平台的特色要求，对视频的标题、封面图片、内容简介、推荐标签等要素进行个性化的精心设计，毕竟很多细节因素都会影响短视频在各个平台上的播放量和分成收益情况。

2. 商业广告

商业广告变现是很多短视频盈利的常用方式，我们常见到的广告形式有以下几种。

（1）冠名广告。冠名广告一般是指短视频内容中直接提到的广告，或者将广告商的品牌商标或产品直接置于视频场景中。这种形式的广告投资比例比较大，效果很直接，观众也已经有这方面的观看经验，戏称广告商为"金主爸爸"。不过对于创作者来说，要考虑广告与自身视频内容的匹配性，注意粉丝的接受程度。

（2）浮窗广告。我们在观看短视频时，经常会看到一些品牌的商标，这种品牌的商标就是浮窗广告。浮窗广告的优点就是展示的时间较长，不会影响视频内容的美感，但是缺点也很明显，一般浮窗广告会被放在比较隐蔽的地方，容易被用户忽视，这种形式比较适合自媒体运营者或者一些网红工作者。

（3）植入广告。植入广告一般是将广告与短视频内容相结合，分为硬植入和软植入。硬植入是指视频内容直接围绕广告产品展开，或者直接进入"广告时间"，讲述广告产品的卖点；而软植入是将广告产品融入短视频的台词、剧情、场景和道具中，这种植入形式更容易被观众接受，但也更考验创作者的创意。

（4）贴片广告。短视频贴片广告是通过展示品牌本身来吸引受众的注意力，它的优点有很多，如可以直接传达给受众，信息传递较高效，投入的经费相对较少，也不会影响短视频内容的完整性。贴片广告是很多短视频平台普遍采用的形式，收益也十分客观，如图 6-33 所示。

图 6-33

（5）品牌广告。品牌广告就是以某品牌为短视频创作核心，其故事情节是为了展示品牌的文化和理念。这样的广告形式更为高效，针对性更强，受众的指向性更加明确，但制作费用比较高。

3. 订阅打赏

订阅打赏是短视频内容变现的形式之一，也是未来短视频行业中可行性较高的一种盈利模式，但是对于运营者来说，订阅打赏的创作团队需要具备一定的流量和人气。订阅打赏是检验短视频创作水准的一种直接方式。在订阅过程中用户为自己喜欢的内容付费，我们可以从以下几个方面促进订阅打赏变现。

（1）让订阅打赏变成种习惯。在主播进行直播时，最大的动力来源就是收到粉丝送的礼物，为了能够让粉丝赠送更多的礼物，主播们可谓是八仙过海，各显神通，用尽浑身解数让粉丝打赏。刚开始，我们会觉得很不可思议，但当很多短视频直播软件都使用这种打赏方式时，我们也就习以为常了。至少不会对这种方式产生排斥，久而久之，也就逐渐适应了这种形式。当短视频订阅打赏在观众思维中也形成一种固定的思维模式时，就形成了打赏的习惯，只要进行订阅短视频，就会潜意识的进行打赏。

（2）激发粉丝的帮助心理。主播在直播的过程中，可以向粉丝表达自己的需求，需要观众的帮助才能实现愿望，通过这种方式博取观众的同情心，进而让观众自掏腰包。短视频也是做内容的产业，那么也可以向粉丝发出求助信号，让粉丝明白，只有他们的打赏，短视频的创作才会更加有动力。另外，订阅打赏是一个持续的过程，创作者要让用户看到他们打赏后的效果，这样就和用户之间形成了一种良性互动。

（3）提高打赏用户的身份优越感。类似于直播的打赏，当主播们收到观众的礼物时，就会在直播间以不同的方式进行感谢，收到打赏的金额不同，主播的感谢程度也不同，同样作为打赏者，就会形成一种攀比心理。所以，短视频的订阅打赏也可以借鉴这一形式，通过设置等级会员制，来不断提高用户的优越感，订阅打赏的金额越高，用户的会员等级就越高。虽然这种优越感是一种虚拟的感受，但是可以让观众在心理上产生一种身份上的差别感，不断激励用户持续进行打赏。

4. 内容电商

随着短视频的不断发展，广告变现的盈利形式已经不能满足短视频创作团队的需求，短视频的盈利步伐再次迈向了电商领域，这种形式也逐渐成为短视频行业领域中收益最高的变现形式。例如，短视频"一条"，每天发布一条原创短视频，在短视频内容中植入商品信息，受众在观看之后，对产品产生认同感，进入"一条生活馆"，搜索相关产品进行购买。

内容电商的核心是短视频内容，在创作过程中一定要了解用户的心理需求，观众对什么样的内容感兴趣，就会喜欢什么样的商品，所以在构思时，要找到内容与电商产品相契合的点，在契合点的基础上再进行创作。

5. 知识变现

短视频课程培训盈利模式，本质上就属于知识变现。其模式是先通过短视频内容吸引受众关注，培养用户黏度，不断积攒人气，然后利用社交互动平台，如微信公众号、百度贴吧、微信群和网络视频等，以课程、讲座等内容形式进行变现。

首先，知识变现的盈利模式要求创作者具备一定领域的专业知识。例如，如今被粉丝亲切称之为"罗胖"的罗振宇，从央视辞职后，打造了知识脱口秀节目"罗辑思维"，仅仅半年的时间，就将一款互联网自媒体产品，发展为全新的互联网社群品牌。而在央视担任过主持人和策划师的角色和名校毕业的背景经历，让受众潜意识中愿意相信"罗胖"社群传播视频的知识性和权威性，并且心甘情愿地掏腰包进行知识付费。

其次，知识变现模式需要创作者先构思出一个知识结构体系，按照知识体系的大致结构来安排相应的课程培训，并要保证用户在接受知识培训后，得到一定的收获，并且能由衷地认同知识的权威性和逻辑性，这样才能继续付费购买更加系统的知识。

例如，美柚 APP 是一款专门针对女性用户的应用软件，在课程推送中，专设一个专家课堂，里面都是由妇产科专业人士提供的微课短视频，如《孕期浑身难受，教你解决 13 种孕期不适》《孕期运动如何做，这里全部告诉你》和《孕期辐射，到底该怎么防才安全》等，在题目的设置上，从受众的需求出发，消除孕期妈妈的畏惧心理，让用户觉得课程性价比较高，能够指导自己的实际生活，如图 6-34 所示。

图 6-34

在开通抖音平台的"商品分享"功能进行账号认证时要求个人主页视频数（公开且审核通过的）大于等于 10 条，账号粉丝数量（绑定第三方粉丝数量不计数）大于等于1000。

知识训练 >>

1. 创业初期最直接的收益方式是（　　　）。[单选]

A. 知识变现　　　　B. 渠道分成　　　　C. 商业广告　　　　D. 订阅打赏

2. 内容电商的本质任务是（　　　）。[单选]

A. 售卖商品　　　　B. 引流　　　　C. 宣传　　　　D. 获得知名度

3. 可以通过哪些方式让用户心甘情愿掏钱打赏？（　　　）[多选]

A. 培养用户打赏的习惯　　　　　　　B. 激发粉丝的帮助心理

C. 提高打赏用户的身份优越感　　　　D. 推销商品

4. 内容电商如何实现流量变现？

5. 你都了解哪些站外流量变现的渠道？

6. 短视频平台的渠道分成类型及特点有哪些？

技能训练 ≫

"解析流量变现模式"技能训练表，见表 6-3。

表　6-3

学生姓名		学　　号		所属班级	
课程名称			实训地点		
实训项目名称			实训时间		
实训目的： 掌握开通抖音"商品分享"功能的方法。					
实训要求： 1. 登录抖音平台，进入创作者服务中心，找到"创作者学院"中的"商品分享"按钮，认证后开通。 2. 以小组为单位，积极探索其他短视频平台的商品变现功能。					
实训过程截图：					
实训体会与总结：					
成绩评定（百分制）			指导老师签名		

扫一扫下列二维码，下载实训表格。

7 项目 7
短视频账号培育实践

在今天这样一个 IP 概念盛行的娱乐化时代，IP 被越来越多的内容创作者所重视，成功打造一个现象级的 IP 能在短时间内占领短视频高地，更好地获取流量并将其转化为粉丝，赢得资本的青睐，继而通过各种方式营销变现。

项目提要

本项目通过解决两个问题——如何组建短视频运营团队？如何打造短视频 IP 及矩阵？来讲解从零开始培育一个短视频账号的基本思路。

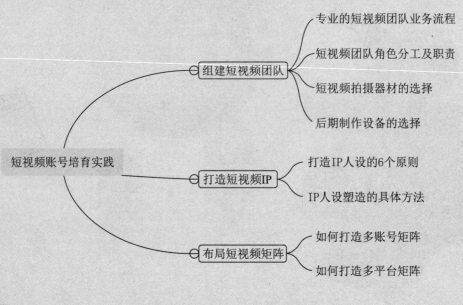

赵小云在一家美妆电商公司就职，尽管才工作了一年，但是因为在短视频方面敏锐的洞察力和初露锋芒的管理才能，公司决定让她带头，组建一支专业的短视频运营团队，专门负责在短视频平台上宣传公司的产品形象，打通短视频售卖渠道。赵小云深感责任重大，用2天的时间做好了运营方案提交给公司。公司的王总看到方案后，对赵小云方案中如何组建短视频运营团队和如何打造短视频全矩阵IP的思路十分认可，同意让她先试试看，边做边调整。

12学时。

任务 7-1　组建短视频团队

赵小云深知，个人的能力再强，也抵不过一个优秀的团队。但因为项目还处于试错期，不适合投入太大，所以她决定先从公司内部招募 2 ~ 3 个合适的同事，等做出一定成绩后，再根据项目需要，广招人才，扩大团队。

王总告诉赵小云，公司会大力支持她的项目，在短视频拍摄和制作设备方面她可以尽管提要求，但赵小云说她和团队已经检查过公司已有的拍摄和制作设备，目前来说已经够用了，现在只需要一个隔音的小房间做拍摄场地就行，王总马上打电话让行政部腾出了一间 12 平方米的储藏室用来布置拍摄场景。

知识目标：

1. 了解短视频团队的角色分工和职责。

2. 了解短视频拍摄设备。

技能目标：

1. 掌握短视频初创团队的分工和职责。

2. 掌握短视频从制作到复盘的整个流程。

思政目标：

1. 能够与团队和睦相处，高效交流意见。

2. 能做到虚心学习，取长补短。

建议学时

4 学时。

操作步骤

步骤1 组建 1～3 人的团队，根据各自擅长的技能分配职务，每个人至少兼职两种，但可以在实践过程中轮换，见表 7-1。

表　7-1

周期\职位	策划	编剧	演员	导演	摄影	后期	运营	商务
第一轮								
第二轮								

步骤2 团队开会讨论产出短视频的风格，如解说种草类、剧情植入类、知识分享类等，如图 7-1 所示。注意，要根据团队成员的兴趣点和擅长的领域进行筛选，找到共同的目标。

（a）　　　　　　　　　　（b）　　　　　　　　　　（c）

图　7-1

步骤3 提交团队分工情况及内容定位的结果，见表 7-2。

表　7-2

内容定位	职位\人员	策划	编剧	演员	导演	摄影	后期	运营	商务
美妆类	剧情植入								

步骤4 团队讨论美妆类型短视频的定位和拍摄方案——选择怎样的场景？是否真人出镜？需要什么设备和道具？见表 7-3。

表　7-3

	室内拍摄（出行前化妆）				室外拍摄（化完妆后路人反应）			
	演员	道具	设备	摄影	演员	道具	设备	摄影
真人出镜								

步骤5 根据方案，进行素材的拍摄。

步骤6 拍摄完成后，需导演、剪辑师、编剧共同筛选素材，最后由剪辑师完成作品输出。

步骤7 作品分别上传抖音、快手账号后，由运营人员监控实时数据，并在 48 小时内向团队反馈分析报告，如图 7-2 所示。

图　7-2

步骤8 根据运营报告，团队开会复盘，并结合市场需求，提出发展建议。策划团队听取意见并修改方案，进行二轮短视频投放。数次实践之后，商务拓展人员基于报告，出具一份详细的产品变现方案，并寻找合适的商务伙伴进行洽谈，最终实现价值链条的循环。

相关知识

一、专业的短视频团队业务流程

如果说微信让每个人都办了一份"报纸"或"杂志"，那短视频就是让每个人都办了一个"电视台"。

现在短视频的头部公司是快手和抖音，而我们参与的形式是机构或个人。几乎所有的行业都是内行人赚外行人的钱，所以本书建议要么自己组建机构，要么就加入专业团队。

专业的短视频团队业务流程，如图 7-3 所示：

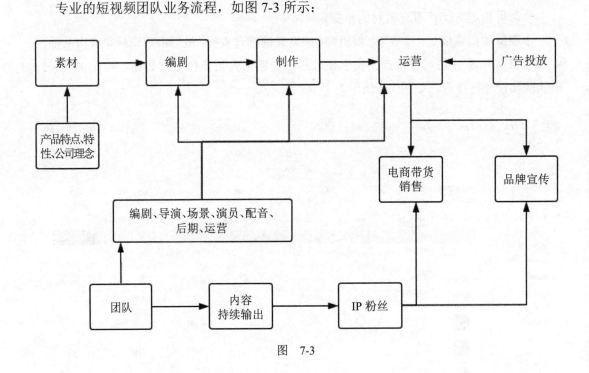

图　7-3

二、短视频团队角色分工及职责

从上面的业务流程图中我们可以看到，编剧、制作和运营是短视频业务流程中最重要的环节，这三个职位占据了整个流程的前期、中期和后期，是内容产出的核心职位。但是这种流水线式的精细分工，会产生较多的成本费用。所以在人手不够、经费有限的情况下，需要团队成员身兼数职，甚至是一个人把所有环节都搞定，如图 7-4 所示。

高配	中配	低配
编剧	内容运营	自编自导自演自拍自剪的超人小编
导演		
道具		
运营		
演员	演员	
化妆		
配音		
美工	视频制作	
剪辑		
摄影		

图 7-4

无论是什么配置的团队，都需要每个人互通技能，这样在有需要的时候，可以做到轮岗和调整。

1. 内容策划

内容策划是团队中最为重要的角色，一般负责项目的构思和提案，甚至是参与前期的剧本大纲设计和文案创作。需要具备很强的"网感能力"，能够快速、敏锐地捕捉到网络热点、洞察人性、分析爆火素材等，能将所有信息提炼归纳，这需要有很强的逻辑思维和写作能力。

2. 编导

编导，或者也可以说是导演、项目负责人、团队管理者，负责整个项目的方方面面，需要有很强的组织管理能力和逻辑分析能力。例如，今天的拍摄进度是怎样的？如何协调人员和场地配置？为什么发布了 3 条视频都没有起色？总之，要做好协调资源和查缺补漏的工作。

3. 演员

演员颜值高，或者是有特点，就能被人很快关注和记住，如帅哥美女、萌娃萌宠、一口东北腔的东北人、一着急就飙四川话的四川人、中文说得比英文还溜的外国人等。所以，作为演员，应该具有很强的表现力和感染力，能快速标榜出自己的风格。

4. 多平台运营人员

运营人员是整个团队的数据支撑，要熟悉多个平台的发布规则，需要掌握一些常用的数据工具，如飞瓜数据、短鱼儿等。

5. 摄影师

摄影师负责视频素材的拍摄，需要具备较强的专业知识，除了要熟悉各种拍摄器材之外，还要具备较高的审美素养和一定的后期处理常识。

6. 剪辑师

剪辑师是一部作品的灵魂，在有限的素材中，既可以机械地转场衔接，也可以脑洞大开，通过镜头拼接，实现一部作品的创意升华。可以说，剪辑师是团队中的第二导演。因此，需要掌握镜头语言表现并具备很强的审美，以及熟练掌握各种剪辑软件。

7. 商务拓展

商务拓展是一部作品产生变现价值的转换器，是作品发挥能动效应的指挥棒，是维护合作长久的稳定器。因此，需要具备敏锐的市场洞察力、优秀的知识储备、良好的沟通技能以及广阔的人脉关系。

三、短视频拍摄器材的选择

不同类型的短视频用到的设备也不一样，主要还是看一个视频的定位是什么？期待什么样的受众和反馈？如果你希望拍出生活化的场景，那么手机和普通相机绝对能满足需求。如果你期待产出一个非常精美的、体现专业和制作工艺的视频，那么设备自然也要升级。

1. 生活类短视频拍摄设备

像 Vlog、美食分享、时尚种草等生活类的短视频，对器材的要求并不高，甚至完全用一部手机就能搞定，如图 7-5 所示。

图　7-5

手机：华为、苹果等手机的拍摄效果都不错，功能也比较完善，而且取用方便，能够及时记录一些素材，是每个人必备的拍摄工具。

相机：如果是拍摄生活类的短视频，不必买单反相机，它不但价格贵、学习成本高，而且也不能灵活适应生活中各个场景的拍摄。生活类的视频拍摄设备的需求是快速、便捷、灵活、防抖，所以运动相机就是很不错的选择，如很多人在用的 GoPro 和大疆，能够拍摄 4K 超高清视频，也支持 1080P/120fps 的慢动作视频，性能十分出众。而且，GoPro 和大疆运动相机的外设资源十分丰富，几乎可以找到适用于任何运动器材的兼容支架，如头盔、自行车等，非常全面。

大疆还推出了一款口袋相机，它身形小巧、携带方便、画质精美，而且自带稳定器，特别适合拍摄 Vlog 素材。

　　另外，佳能、松下、索尼、富士等知名厂商都推出了专门针对视频的残画幅微单相机、卡片机等，各有优势，而且价格都在 3000 元左右，大家可以根据自己的需要选择。

　　话筒：如果配备一个收音话筒，收音会好很多，尤其是对于一些美食探店、街头采访等经常在户外拍摄的视频。常用的录音设备有手机麦克风、电脑麦克风、无线麦克风。

　　支架：支架可以配备一个落地支架和一个八爪鱼支架。八爪鱼支架能适应大部分场景的定点拍摄，还可以当自拍杆使用，方便携带，而落地支架用于补充。

　　稳定器：如果需要经常跟拍或者移动拍摄，那么一个好用的稳定器也是必不可少的。

2. 专业类短视频拍摄设备

　　专业类的短视频包括很多，比如涉及极限运动、数码评测、精致美食、商业广告等的短视频，就需要用到专业相机和镜头以及一些专业的灯光设备和辅助设备，如图 7-6 所示。

图　7-6

　　专业相机（摄像机）：佳能 5D 系列的单反、索尼 a 系列全画幅微单等，都能拍摄高质量的视频，优势是可以根据需要配置不同的镜头，适应更多的拍摄需求，而且综合性能高，拍照摄像两不误，缺点是不适合长时间拍摄，如果是做活动全程录像，还是建议用摄像机。

　　专业镜头：定焦镜头就是焦段是固定不可变的镜头，如 50 毫米、85 毫米、100 毫米的定焦镜头，它更容易生产极致的画质和大光圈，这样我们在稍暗的环境下就能够得到较多的进光量，保证画面正常曝光，同时大光圈也会产生更好的背景虚化效果。理论上定焦镜头拍摄的画面锐度和质感都要好于变焦镜头。这也是为什么主流电影拍摄都选用的是定焦电影镜头。而变焦镜头指的是可变焦段的镜头，比如佳能的 16 ～ 35 毫米、24 ～ 70 毫米、70 ～ 200 毫米的镜头都是变焦镜头。变焦镜头的优点在于不移动机位的情况下可以实现推拉镜头的效果，变焦镜头所覆盖的焦段往往都比较长，这样既能满足我们在一些特殊场景的拍摄需求，也可避免频繁更换镜头，如果是拍摄风景，建议选择24 ～ 70 毫米的变焦镜头；如果拍人比较多，那么选择 70 ～ 200 毫米的。除了变焦和定焦，还有一些特殊镜头，比如微距镜头、鱼眼镜头等。知名 Vlog 博主"竹子"，就拍过一个视频，全程用鱼眼镜头，十分有特色。

3. 专业拍摄辅助设备

必备的辅助设备是收音话筒和三脚架，这是最基本的提升视频质量的两个设备，起码能让你的视频呈现一个不错的音质和稳定的画面。因为尽管相机和摄像机都是自带话筒的，但如果想要更好的音质，还是要靠外置的收音话筒。灯光方面，如果是个人拍摄，可以买个补光灯或者主播灯，如果是专业的棚拍，那需要更加专业的灯光设备，如图 7-7 所示。总之，要看自己的能力和视频需要，不要过分追求器材。

图 7-7

专业灯光：对于专业的棚拍来说，灯光布置是整个画面质量中非常关键的因素。拍摄中普遍运用的 LED 大灯主要用于打出很柔和的大范围光线，适合一般的室内外采访、节目、活动场景等视频，而影视灯结合不同的配件能做出更细腻、富有层次的光线，适合拍一些电影级画面、广告产品等。

三脚架：因为要支撑的是比较重的专业相机，所以在选择三脚架时，要注意其称重能力。

稳定器：单反微单相机稳定器相对于手机稳定器肯定没那么多趣味性，光是重量就比较费力气，建议喜欢拍摄影片或者想提升 Vlog 品质的人入手，如果你没有一定的摄影爱好不要花这个冤枉钱。从品牌来说，比较常见的就是大疆、智云、飞宇，这三者之间的差异性并不算太大，做工方面都很不错，毕竟是老牌稳定器厂商。选择的时候注意追焦滚轮这项功能，因为它可以在拍摄影片时有更好的追焦性能。

四、后期制作设备的选择

尽管手机能拍能剪，但毕竟不够灵活，建议大家准备一台中高配置的电脑，并且学习剪映、PR、PS、AE、达芬奇等专业的后期制作软件，如图 7-8 所示。

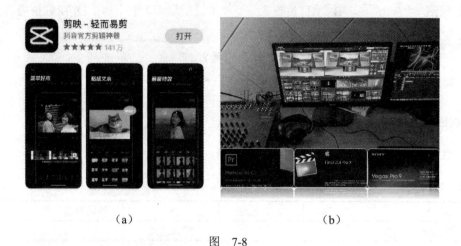

（a）　　　　　　　　　　　　　　（b）

图　7-8

总之，大部分涉及短视频行业的人都是抱着尝试的目的，所以建议设备方面不用太纠结，有什么用什么，量力而行，把更多的功夫放在内容策划上。

1. 不建议一人成团，如何更好地与他人合作也是短视频账号培育过程中需要学习的一点。

2. 在团队合作中，必定会有些人是"能者多劳"，有些人"浑水摸鱼"，这时不要太在意眼前的利益，一定要清楚自己的目的是什么，如果是为了提升自己的能力，那么做得多反而是占便宜。

3. 关于拍摄器材的选择因人而异、因地制宜，不需要过分追求高端，内容才是重点。

知识训练 》

1. 短视频内容策划一定要具备什么能力？（　　　）[单选]

A. 团队管理　　　　　B. "网感"　　　　　C. 镜头语言　　　　　D. 文字整理

2. 日常维护粉丝的主要方法是（　　　）。[单选]

A. 新创意　　　　　B. 精良的制作　　　　　C. 送红包　　　　　D. 持续的内容输出

3. 团队中，编导的职责是（　　　　）。[多选]

A. 导演　　　　　　　B. 项目负责人　　　　C. 团队管理者　　　　D. 视频拍摄者

4. 生活类短视频拍摄设备包含哪些？

5. 一个短视频从制作到产出，有哪几个步骤？

6. 简述商务拓展人员在团队中的作用。

技能训练 ≫

"组建短视频团队"技能训练表，见表 7-4。

表　7-4

学生姓名		学　号		所属班级	
课程名称			实训地点		
实训项目名称			实训时间		
实训目的： 熟悉短视频团队的角色分工，并组建短视频团队。					
实训要求： 1. 组建 1～3 人的团队，根据自己擅长的技能分配职务，每个人至少兼两种职务，可以在实践过程中轮换。 2. 团队开会讨论短视频的风格，如解说种草类、剧情植入类、知识付费类等，注意要根据团队成员的兴趣点和擅长的领域进行筛选，找到共同的目标。 3. 提交团队分工情况及内容定位的结果。					
实训过程截图：					
实训体会与总结：					
成绩评定（百分制）			指导老师签名		

扫一扫下列二维码，下载实训表格。

任务 7-2　打造短视频 IP

情景导入

从一开始，赵小云和团队成员就很注重 IP 的打造，从账号的主页装修，到出镜主播的形象特点、语言风格，以及短视频本身的封面、内容设计以及评论互动，都做了精心的设计，形成了鲜明的风格。在运营一个月后，粉丝和播放量不断上涨，还出现了好几个播放量过10 万的小爆款视频。

任务目标

知识目标：

1. 了解短视频 IP 的含义。

2. 了解短视频 IP 的具体分类和作用。

技能目标：

1. 掌握短视频 IP 的打造思路。

2. 掌握短视频 IP 的六大原则。

思政目标：

1. 在短视频 IP 的打造过程中，做到三观正确，不刻意追求奇特的人设。

2. 着眼全局，细致入微，能客观地分析问题。

建议学时

4 学时。

操作步骤

步骤1 团队开会，讨论账号的目标粉丝群画像，从而确定 IP 属性。

步骤2 以个人简历的方式呈现账号 IP 属性，见表 7-5。

表 7-5

人设昵称	papi 酱		
个性签名	一个集美貌与才华于一身的奇女子		
标签	吐槽	戏精	观点犀利
方式	剧情	一人分饰多角	反转
价值观	积极向上	吐槽生活中的尴尬事	具有寓意

步骤3 对照人设简历，进行主页装修和封面设计，如图 7-9 所示。

图 7-9

步骤4 根据自己账号的 IP 人设，设计 1 条开场白、1 条结束语和 1 条神评论。

步骤5 在后续的内容设计及评论互动中，注意对账号人设的呈现和维护，并结合粉丝反馈适当调整账号人设。

步骤6 以 PPT 讲演的方式，呈现团队对 IP 的打造思路。

一、打造 IP 人设的 6 个原则

人设，即人物形象的设定，包括外貌、性格、价值观等，是可以迅速标榜自己特点的风格搭建。IP，表意为地址，是人们进行联想时的精确指引。

当两者结合起来，打造 IP 人设，就是利用反复的印象加深，引导人们将二者联系起来，告诉他们什么地点有什么人会做什么，从而形成一种个人标签，并逐渐成为一种潮流或现象，如图 7-10 所示。

图 7-10

例如，提起娱乐圈"老干部"，大家会想到霍建华、靳东；提起美妆，大家会想到李佳琦；提起二次元、鬼畜，大家会想到 B 站；提起田园生活，大家会想到李子柒。

要想打造一个成功的 IP，切忌一拍脑袋的虚构。要遵循 6 个原则，才有可能在茫茫"网"海中脱颖而出。

1. 人设鲜明

短视频的种类有很多，有真人出镜的，也有不出镜的，所以"人设"这个概念，不能单纯地以人去理解。

老岳父的狗有"狗设"、猫有"猫设"，甚至连做蛋糕的都有"糕设"。B 站曾以鬼畜闻名，直到"我在 B 站学习"的话题刷爆网络，B 站立刻立起了"教育人设"，开通了学习模块，如图 7-11 所示。

（a）　　　　　　　　（b）

图 7-11

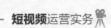
由此可见，人设的标签化是在单一设定的情境下不断丰富的，而这个丰富的过程则是观众给你的。要想做到人设鲜明，在视频初始就要有明确定位，如宠物博主、科技达人、代货达人、脑洞博主等都需要在一开始给自己定一个标签，以达到引入 IP 的初级目的。

2. 强化人设竞争力

每个短视频账号都要思考一个问题，我凭什么被人关注和喜欢？

人喜欢另一个人，必然是被对方的某些特质所吸引，有外在的也有内在的，有时候我们经常以"情不知所起，一往而深"来表达说不清道不明的情愫。但在短视频的建设中，我们必须要明确这一点，即我们和同类账号相比，核心竞争力是什么？我们比别人更受欢迎的点在哪里？

以 B 站为例，二次元动漫网站其实并不少，腾讯、爱奇艺、优酷、今日头条、西瓜视频等都有不少动漫作品，为什么很多用户会更偏向于 B 站呢？总的来说其实只有两点：一是因为没广告，二是因为 B 站的优质弹幕。仅仅这两点，就形成了 B 站独特的文化氛围，从而牢牢抓住用户的心，占据了国内二次元的制高点。

只有明白这些，才能做到精准创作和投放，否则"东一棒槌，西一榔头"，就会让观众对你的原有标签产生疑惑，让平台降低你的权重，视频得不到推荐，即使你的视频的画面很精美、很好，也会泯然众人矣。

3. 深化印象，延展创新

在确定自己短视频的核心竞争力后，应当趁热打铁，加深这一标签印象。

人们观看短视频的目的，大多是为了消磨碎片化的时间，在工作学习的间隙，或娱乐，或了解新鲜事物，并没有耐心去记忆和思考。所以重复同一标签留给观众的印象，创造记忆点，是巩固自己 IP 最有效的办法。通过持续、精准、连贯的产出，能在加深印象的同时，起到固粉、涨粉的作用，如图 7-12 所示。

图 7-12

在主推内容稳定之后，为了提高视频的质量和新鲜感，可以开始尝试拓展副业。但是要注意，所有的创新都要围绕同一核心，不能与主推内核相背离，否则很容易出现人设混乱，甚至是"人设崩塌"的危机。

4. 价值观传达

所有的艺术表现都蕴含价值观，提炼它并且明确地把它传达给观众，是短视频吸粉的关键。现在是个信息爆炸的时代，互联网上从不缺少话题。而传达价值观最快捷的办法，就是"搭载热点火箭"。

中华人民共和国成立七十周年时，"我和我的祖国""歌唱我的祖国"等话题刷爆网络，一度成为 2019 的年度热词。不但有新闻联播主持人在镜头前唱起了这首歌,还有肖战、杨紫、吴亦凡、蔡徐坤等有影响力的明星,也纷纷通过短视频传递"爱国情怀"价值观,大量的相关主题作品也因为热度受到推荐和曝光,如图 7-13 所示。

（a）　　　　　　　　　　　　（b）

图　7-13

由此可见,主流热度还是以积极乐观的价值观为导向的,这是短视频账号不可忽视的培养方向。

5. 短小精悍，目的性明确

大多数短视频的时长基本在一分钟以内,相比于长视频,短视频在制作成本、人工成本、拍摄成本及产出的丰富性上都具有优势,但这并不意味着其最终作品会胜过长视频。

因为短视频存在着两个缺点:①节奏快,共情不够。②时长短,很难形成记忆点。因此,要在短短一分钟之内完成起承转合,就要扬长避短,放弃多余的角色塑造,只对一两个闪光点,进行放大和强调,以便观众识别和记忆。最重要的是,这个闪光点必须与你的人设标签一致,这样才能让观众的联想逻辑串接起来,即看到相似之处,就能联想到你,如图 7-14 所示。

6. 了解粉丝群体，持续优化形象

人设确立之初,我们遵循的是从真实出发再艺术升华,即在结合自身性格的同时对特质放大的原则。那么这个时

图　7-14

候要思考两个问题，即什么样的人群会喜欢这样的人设？而这群人又讨厌什么人设？

为了解决这两个疑问，我们需要对目标群体进行调研，并掌握其偏好画像，然后再回归我们的人设。这个时候，我们就知道如何去优化它。保留被偏爱的标签，去掉人群偏好较少或者排斥的标签，逐渐打造出一个性格分明，对特定人群富有吸引力的人设。

二、IP 人设塑造的具体方法

要想打造一个成功的 IP 人设，仅仅掌握原则是不够的。我们还要结合方法论，一步一步将其融会贯通。

1. 设计角色形象

在一部短视频作品中，必然要出现至少一个固定的角色形象，可以是真人、宠物或者是物品。那么这个角色就是我们的 IP 核心。这就和写小说一样，我们要塑造一个受读者欢迎的主人公，一定会从他的名字、外貌、性格和价值观入手，这必然是一个绞尽脑汁的过程，也是最重要的一个环节。

（1）账号昵称和角色名字。账号昵称是区别同行的唯一标识，最好是与作品固定角色的名字相一致。

首先，角色的名字一定要好记、有趣。纯英文名和生僻字虽然特别，但并不利于人际传播。

其次，角色名字应当与人设标签相匹配。如果你是真人出镜和搞笑类的创作者，那么就要起一个听起来就很好笑的名字，如王尼玛、王大锤、毛毛姐等。如果你是做教程类的，那可以后缀"某某老师"或者教程软件的缩写。如图 7-15 所示。

（a） （b）

图　7-15

最后，反差萌类的名字和真人姓名虽有风险，但也不是不可。比如小可儿、伊丽莎白鼠等看似文艺的背后，却有一颗躁动鬼畜的心。但要注意的是，这种现象并不常见，甚至只适合于 B 站这种群体画像更为跳跃的平台，所以需酌情考虑。而真人姓名则比较接地气，如王刚、敬汉卿等都是很有代表性的，不过这种起名方式虽然亲民，但标识性较弱，很难让观众第一眼就分辨出你的人设标签。

（2）形象设计。"颜值即正义"可能适用于部分网红，但并非所有人都是如此。

"颜值不够，才华来凑"，形象是包装出来的，打造一个富有辨识度的角色才是关键。

各大平台的名人并非都是露脸出镜，如王尼玛、黑脸 V 等，他们要么戴着口罩，要么戴着头套，渐渐地他们的口罩、头套就成了一个固定的代表符号。这种神秘感，一样可以帮他们吸引到百万粉丝的关注。如图 7-16 所示。

图 7-16

要想塑造形象的辨识度，就要考虑到所有细节的部分，大到穿着、配饰，小到语音、语调、标志性口头禅、小动作等等。在"燕子堡 BBQ 学徒"的视频中，大家都在等一声"驴叫"，在"大祥哥来了"的视频中，大家都在等"战歌"。你甚至还可以模仿其他大佬的一些习惯，如"铁锅炖兄弟"专注于仿制王刚的美食，一句"问题不大"成为贯穿视频的笑点与灵魂。

要注意的是，虽然特立独行可以提高角色的辨识度，但是过分主张，就会适得其反。"月盈则亏，水满则溢"，在这个时代，观众讨厌做作的人，你或许会因此圈粉，但对个人形象来说，绝对是一个大灾难。

（3）清晰的情感主张。每一条短视频都是我们的灵感体现，而灵感则来源于我们丰富的内心世界。如果一部片子所展现出来的内容，叫人"丈二和尚摸不着头脑"，那它就是失败的。

如何明确地传达出短视频的主旨？其实将其分类就一目了然了。

我们制作短视频的目的除了满足自己，其实更多的是服务于观众。第一，让观众感到开心；第二，激励观众的斗志；第三，解决观众的难题；第四，拓宽观众的眼界。

在策划之初，先将灵感的主旨归类于其中一项，然后以此为核心进行创作，就不会出现主旨不清、价值观模糊的问题了，如图7-17所示。

图　7-17

（资料来源：抖音"毛光光"）

2. 视频内容的高度契合

有了一个丰满的形象，就要着手于内在的容量。

要想账号长期稳定运营，切忌虎头蛇尾的花架子。视频质量的好坏，才是决定账号存亡的关键所在。从策划到产出，都需要运营者的精心呵护。

（1）热点要不要追？答案是肯定的，追热点是"扬名立万"最便捷的方式。如何追热点？追热点切忌盲目。你要时时刻刻记住，自己是一个垂直账号，一旦操作不当，人设崩塌，就会流失大量的粉丝，更严重的是，你有可能失去平台的推荐。

所以，寻找热点，就成为了一个需要"火眼金睛"的技术活。我们要牢记一点，爆款不等于优质。如果这个爆款和你的标签相悖，或者它是负面的，最好少碰为妙。一旦行差踏错，造成账号风格混乱，就难以精准投放和沉淀粉丝，并不能获取有效流量，那你的营销变现梦想将变得遥遥无期。

因此，在筛选热点的时候，我们要记住一个原则，就是永远不要脱离你的人设标签。

（2）粉丝审美疲劳怎么办？同样的内容看多了，一定会有不同程度的审美疲劳。

要维持一个账号的稳定，必然要有核心内容来维持人设，以达到固粉的目的。比如"老岳父为什么养狗，养着养着就多了三只猫呢？"其实除了个人喜好之外，也给视频内容增添了许多新鲜感，如图 7-18 所示。

图 7-18

（资料来源：B站"国民老岳父公"）

所以，为了解决粉丝的审美疲劳，我们可以适当地增加一些新鲜场景，或者改变一些风格手法，如镜头语言、衣着、拍摄场地等的变化。

3. 怎样策划爆款内容?

很多爆款视频往往都和社会现象、目标群体的"痛点"有关，如国情舆论、婚恋关系、科技、田园生活、文化复兴、宠物等，如图 7-19 所示。

要策划爆款内容，绝对是要"眼观六路，耳听八方"的，而且关键就在于对目标群体的深入挖掘，如果在一段时间内，你的目标用户都做了一件类似的事，那么，你就应该考虑让它出现在这一期的视频上。

（a）   （b）

图　7-19

4. 怎样与粉丝互动立住人设?

在解决这个问题之前,我们要先了解一个概念,什么是垂直领域?

垂直领域就是产业细分,它的关键就在于纵向延伸。比如游戏行业,可以具体细分为网络游戏、单机游戏、主机游戏,单机游戏又可以分为平台射击、角色扮演、休闲养成等。

基于平台推荐机制,短视频创作者要记住一个原则,就是涉及领域越垂直越好。

IP常见的分类有4种。

（1）故事类,偏向小剧场类型,通过演员的表演,来向用户传达情感。比较有代表性的有"多余和毛毛姐""papi酱"等。

（2）产品类,通过介绍产品功能,向观众"安利、种草",在这方面李佳琦算是很成功的代表人物了。

（3）日常类,以日常生活、搞笑内容为主,如抖音上的"爱吃地瓜的贝贝",就是专做萌宠日常类的视频。

（4）知识类,输出专业知识,以科普为主。"丁香医生"和"人类观察所"都非常具有代表性。

明白这4种类型,我们在塑造IP与粉丝互动时就有了方向可循,如图7-20所示。

领域越垂直,粉丝画像就越清晰,那么在与粉丝互动的过程中,我们的IP立意就越明确,人设就越鲜明。

　　（a）　　　　　　　（b）　　　　　　　（c）　　　　　　　（d）

图　7-20

经验分享

　　人设不是你随心所欲地去打造一个 IP，而是根据你自己的特性去打造，如果大家非常喜欢你的这种特性，你只需要把它不断重复，形成一个特定标签。总之，做真实的自己，如果你是个严肃的人，让你做搞笑类的视频，你自己难受，观众也不舒服，这样怎么会吸粉？

同步训练

知识训练 >>

1. 人设是什么？（　　　）[单选]

A. 人物形象设定　　　B. 人物外貌　　　　C. 人物姓名　　　　D. 人物性格

2. 以下哪个选项没有体现领域垂直？（　　　）[单选]

A. 生物学→医学　　　B. 电影→悬疑　　　C. 游戏→网络游戏　　D. 舞蹈→伦巴

3. 常见的 IP 分类有（　　　）。[多选]

A. 故事　　　　　　　B. 产品　　　　　　C. 日常　　　　　　D. 知识

4. 简述 IP 人设打造的六大原则。

5. 简述短视频的优点和缺点。

6. 简述 IP 人设塑造的具体方法。

技能训练 》

"打造短视频IP"技能训练表，见表7-6。

表 7-6

学生姓名		学　　号		所属班级	
课程名称			实训地点		
实训项目名称			实训时间		
实训目的： 1.掌握短视频IP的打造思路。 2.掌握短视频IP的六大原则。					
实训要求： 1.团队开会，讨论账号的目标粉丝群画像，从而确定IP属性。 2.以人设及个人简历的方式呈现账号的IP属性。 3.对照人设简历，进行主页装修和封面设计。 4.根据账号的IP人设，设计一条开场白、一条结束语和一条神评论。 5.在后续的内容设计及评论互动中，注意对账号人设的呈现和维护，并结合粉丝反馈适当调整账号人设。 6.以PPT讲演的方式，呈现团队对IP的打造思路。					
实训过程截图：					
实训体会与总结：					
成绩评定（百分制）			指导老师签名		

扫一扫下列二维码，下载实训表格。

任务 7-3　布局短视频矩阵 ▶

在运营了三个月后，赵小云认为自己的团队已经稳定了下来，当前账号也有了一定的影响力，而且公司也看到了这个项目的潜力，给予了更大的支持。因此，赵小云觉得，是时候开始招兵买马，进行短视频矩阵的布局了。

任务目标

知识目标：

1. 了解多账号矩阵的意义。

2. 了解打造矩阵账号的思路。

技能目标：

1. 掌握打造矩阵账号的方法。

2. 掌握多平台账号的维护方法。

思政目标：

1. 能做到耐心、细心，不要半途而废。

2. 虚心学习矩阵打造方法，做到实事求是。

4 学时。

步骤1 团队开会，讨论短视频多账号矩阵的布局思路，以及多平台矩阵的布局思路。

步骤2 确定 2 ～ 3 个待准备启动的账号，以及 2 ～ 3 个需要布局的平台，见表 7-7。

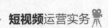

表 7-7

平台账号	A	B	C
抖音			
快手			
B 站			
西瓜视频			

步骤3 以 PPT 讲演的方式，呈现多账号布局和多平台布局的思路，说明为什么要启动相关账号，为什么要选择这几个平台，以及进行矩阵布局后短视频的运营思路。

如果是进行企业化的短视频运营，那么布局短视频矩阵是必需的，我们可以用已经做成功的账号带动新的账号，也可以通过小号辅助主号引流，还可以同时操作多个账号相互进行流量转化。

短视频矩阵分为两种，一种是同一个平台的多账号矩阵，另一种是跨平台的多平台矩阵。

一、如何打造多账号矩阵

对于很多企业或者自媒体来说，一个账号是无法满足需求的，所以需要打造多个账号，获得更多的粉丝，产生更大的品牌影响力和效益。

多账号矩阵又可以分为两种，一种是"主打账号 + 多个辅助号"，另一种是"细分领域账号矩阵"。

1. "主打账号 + 多个辅助号"

这一类矩阵十分适合单一商品的商家，或者是以品牌宣传为主的账号。比如"蓝 V+个人号"就是带货商家常用的一种布局方式，蓝 V 号相当于官方旗舰店，能够体现官方认证，增强用户的信任感，其他的多个辅助账号主要是为了分担抖音流量不稳定的因素，当商家的账号越多，出货稳定性就越好。

知名手机品牌"小米手机"，在抖音平台上拥有多个账号，并且所有的子账号都有自己的人设和内容定位，每天输出不同的内容。小米在抖音上主要有两类账号：一类是官方账号，如"小米手机"；另外一类是其员工的账号，如"小米员工的日常"。两类账号相互关注，不断互动，官方号结合员工号，形成了一个完整的内容矩阵，如图 7-21 所示。

图　7-21

2. "细分领域账号矩阵"

这一类矩阵可以通过多个细分账号，覆盖更多相关的用户，而且每一个账号只制作一种类型，内容做到垂直、专业，从而带来精准流量，做成平台内的高粉账号联盟，那么变现渠道也会更广。

"什么值得买"是在 2018 年 3 月开始涉足抖音短视频内容的一个导购网站。网站积累粉丝达到 500 万，旗下拥有多个运营账号进行相互引流，形成了一个矩阵。例如，"城市不麋鹿""什么值得买"以及"吃喝冒险王"，每个号专攻的类型都不一样，分别对应了不同种类的消费者用户群。

"城市不麋鹿"的内容定位是城市旅游，以北京为主要根据地，包括著名景点介绍和吃喝玩乐攻略，还包括一些境外城市的介绍。

"什么值得买"的内容定位主要是测评导购，主要针对不同类型的商品选购进行讲解，并且还关联了商品橱窗，每个作品都匹配了链接，可以直接跳转到商品所在的淘宝店。

"吃喝冒险王"主要是以测评为主，有时候主持人会去不同的地方进行菜品的测评。

该导购网站的每个抖音账号都有自己的内容定位，并且有清晰的带货属性。每个账号在抖音发布视频后，精准地吸引自己的目标客户。账号与账号之间形成矩阵，彼此进行点赞和互动，然后进行相互的粉丝转化，如图 7-22 所示。

图 7-22

二、如何打造多平台矩阵

多平台矩阵的核心思路是同样的账号在多个短视频平台上同时运营，如图 7-23 所示。其优势是成本较低，可以覆盖多平台的用户群，从而实现互相引流。

　　　(a)　　　　　　(b)　　　　　　(c)　　　　　　(d)

图 7-23

（资料来源：抖音"补屋正业"、快手"补屋正业"、淘宝"补屋正业"、小红书"补屋正业"）

要注意的是，多平台布局后粉丝比较分散，维护起来有一定的难度，如果人手不够，很容易造成和粉丝之间的信息脱节，甚至失去粉丝。所以建议在布局的时候选择 1 ~ 2 个平台做粉丝沉淀。

目前在粉丝沉淀方面，应用最多的是微信平台，常用的形式是微信公众号、微信群、朋友圈。这是因为微信是一个用户活跃度非常高的社交平台，你可能不会每天都看抖音和微博，但你一定会每天都看微信，所以，用微信做粉丝沉淀是比较保险的，可以让你的粉丝经常和你产生互动。

1. 可以在签名档或者评论里设置小号或其他平台账号的信息，不过要注意，有的平台对引流到其他平台的行为是不允许的，如小红书，如果明目张胆地在签名档写微信号，是会被封号的。

2. 平时发布视频的时候，可以直接在视频描述里 @ 小号，然后大号和小号在评论区里进行互动。特别是在多账号矩阵布局时，可以利用播主与粉丝的互动，让各个账号之间频繁互动。

知识训练 >>

1. "蓝 V"一般是什么性质的账号？（　　）[单选]

A. 达人个人认证号　　B. 企业认证号　　　　C. 明星个人认证号　　D. 会员标志

2. 以下哪个平台最适合做粉丝沉淀？（　　）[单选]

A. 微信　　　　　　　B. 抖音　　　　　　　C. 淘宝群　　　　　　D. 钉钉

3. 短视频矩阵有哪几种？（　　）[多选]

A. 同一平台多账号　　　　　　　　　　　B. 多个平台多个账号

C. 多个平台一个账号　　　　　　　　　　D. 一个平台一个账号

4. 简述多账号矩阵该如何打造。

5. 请以抖音或小红书平台为例，分析某个账号的矩阵打造方法。

6. 请以小红书为例，举例说明如何将小红书上的粉丝引流进其他平台。

技能训练 >>

"布局短视频矩阵"技能训练表，见表 7-8。

表 7-8

学生姓名		学　号		所属班级	
课程名称			实训地点		
实训项目名称			实训时间		
实训目的： 1. 掌握打造矩阵账号的方法。 2. 掌握多平台账号的维护方法。					
实训要求： 1. 团队开会，讨论短视频多账号矩阵的布局思路，以及多平台矩阵的布局思路。 2. 确定 2～3 个准备启动的账号，以及 2～3 个需要布局的平台。 3. 以 PPT 演讲的方式，呈现多账号布局和多平台布局的思路，说明为什么要启动相关账号、为什么要选择这几个平台，以及进行矩阵布局后短视频的运营思路。					
实训过程截图：					
实训体会与总结：					
成绩评定（百分制）			指导老师签名		

扫一扫下列二维码，下载实训表格。

参 考 文 献

[1] 张通勇，昌蕾，甘清 . UGC 旅游打卡短视频传播路径研究 [J]. 中国报业，2020（8）：22-23.

[2] 李靓 . 传播学视域下抖音短视频传播困境研究 [J]. 中国报业，2020（8）：24-25.

[3] 吴双 . 引爆点理论下抖音短视频 APP 走红探究 [J]. 中国报业，2020（8）：18-19.

[4] 谢泽元 . 短视频在媒体融合传播运用中的转变探讨 [J]. 传媒论坛，2020，3（8）：45.

[5] 谢细妹 . 高职院校电子商务专业背景下视频营销应用的发展趋势 [J]. 电子商务，2020（04）：65-66.

[6] 匡文波 . 新媒体概论 [M]. 第 2 版 . 北京：中国人民大学出版社，2015：43-49.

[7] 刘望海 . 新媒体营销与运营 [M]. 第 2 版 . 北京：人民邮电出版社，2018：31-35.

[8] 张天莉，罗佳 . 短视频用户价值研究报告 2018—2019[J]. 传媒，2019（3）：9-14.

[9] 郑昊，米鹿，秋叶 . 短视频：策划、制作与运营 [M]. 北京：人民邮电出版社，2019：93-120.

[10] 新媒体商学院 . 网络营销 [M]. 北京：化学工业出版社，2019：133-181.

[11] 周颖 . 国内短视频平台商业模式创新研究 [D]. 杭州：浙江传媒学院，2019.

[12] 吕张辰泡，李剑 . 5G 背景下短视频发展初探 [J]. 传媒观察，2019（11）：27-31.

[13] 中国互联网络信息中心 . 第 44 次中国互联网络发展状况统计报告 [EB/OL].[2019-8-30]. http: //www. cac.gov.cn/2019-08/30/c_1124938750.htm.

[14] 36Kr 研究院 . 短视频平台的用户调研报告 [EB/OL].[2019-05-20]. http: //www.199it.com/archives/891218. html.

[15] 刘海鸥，孙晶晶 . 国内外用户画像研究综述 [J]. 综述与述评，2018（11）：155-160.

[16] 艾瑞咨询 .2019 中国短视频企业营销策略白皮书 [EB/OL].[2019-12-30]. http: //report.iresearch.cn/wx/ report.aspx?id=3504.

[17] 巨量算数 . 抖音用户画像报告 [EB/OL].[2020-02-20]. https：//www.useit.com.cn/forum.php?from=album&m od=viewthread&tid=26547